清华北大 MBA 成功申请一本通
——帮你成功开启清华北大MBA之门

主　编　甄诚　赵羽　　副主编　赵新　王金门　李发进

清华大学出版社
北京

本书封面贴有清华大学出版社防伪标签，无标签者不得销售。
版权所有，侵权必究。举报：010-62782989，beiqinquan@tup.tsinghua.edu.cn。

图书在版编目(CIP)数据

清华北大MBA成功申请一本通——帮你成功开启清华北大MBA之门 / 甄诚，赵羽 主编.
—北京：清华大学出版社，2014（2023.6重印）
ISBN 978-7-302-36215-9

Ⅰ. ①清… Ⅱ. ①甄… ②赵… Ⅲ. ①工商行政管理—研究生—入学考试—自学参考资料 Ⅳ. ①F203.9

中国版本图书馆CIP数据核字(2014)第076297号

责任编辑：	陈　莉　蔡　琦
封面设计：	周晓亮
版式设计：	方加青
责任校对：	曹　阳
责任印制：	刘海龙

出版发行：清华大学出版社
　　网　　址：http://www.tup.com.cn, http://www.wqbook.com
　　地　　址：北京清华大学学研大厦A座　　邮　编：100084
　　社 总 机：010-83470000　　邮　购：010-62786544
　　投稿与读者服务：010-62776969, c-service@tup.tsinghua.edu.cn
　　质 量 反 馈：010-62772015, zhiliang@tup.tsinghua.edu.cn

印 装 者：	三河市铭诚印务有限公司
经　　销：	全国新华书店
开　　本：	169mm×230mm　　印　张：13.25　　字　数：176千字
版　　次：	2014年6月第1版　　印　次：2023年6月第11次印刷
定　　价：	48.00元

产品编号：059362-03

谨以此书献给有志于考取清华北大MBA、希望成为企业管理精英的人士

前　言

　　清华大学和北京大学是我国最好的两所高校，两校的MBA项目也是我国工商管理人才向往的深造项目，两校MBA项目凭借着出众的社会影响力、科学的培养体系和管理大师云集的师资力量，每年吸引数以千计的有志于成为工商管理领域高级管理人才的考生选择申请清华北大MBA项目。

　　本书编写的主要目的就是为众多有志于报考清华北大MBA项目的考生揭开两校MBA项目的神秘面纱，使考生对清华北大MBA的概况和申请要求有一个初步、全面的了解，使自己的申请备考过程多一分科学、理性，少一分盲目、感性，为正式的清华北大MBA申请打下坚实的基础，使两校的MBA申请人对自己的申请规划和准备有一个较为清晰的思路。

　　为了帮助清华北大MBA考生对两校的MBA项目有一个较为全面的了解和认识，本书从清华北大MBA项目的介绍到学习生活、从申请流程到申请材料的撰写、从面试技巧到联考笔试技巧，各章节逐层展开、层层深入，具有较高的实用性和指导性，为广大有志于考取这两所我国最优秀的商学院MBA项目的考生提供了全面的指导，为后期的正式申请提供了宝贵的资料。

同时，本书为读者精心准备了清华北大MBA申请配套指导课程，课程均由本书作者主讲，读者只需用手机扫描本书封面勒口处的微信二维码，即可免费获得相关辅导课程。

最后，衷心祝愿广大有志于进入清华北大这两所我国最著名的学府深造MBA项目的人士顺利考取，并实现自己的职业发展理想，成就辉煌的人生！

甄诚、赵羽

2014年2月20日 于北京

序言(一)
考取清华北大MBA，其实并不难

清华北大MBA项目一直是众多有志于成为企业管理翘楚和管理精英人士的"圣地"，这里汇聚了工商管理界的学术泰斗，聚集了来自全球的优秀管理才俊，具有科学的企业管理人才培养体系。凭借严谨的培养体系和在企业管理界的影响力，清华北大MBA毕业生一直是国内外各大名企最为青睐的招聘目标，各大企业高管团队中也活跃着清华北大MBA的身影，清华北大MBA毕业生在职场的快速成长和职业发展的成功也充分证明了两校MBA的价值。

每年有数以千计的人士报考清华北大MBA，但其中只有约10%的申请人能够顺利考取两校的MBA，申请竞争不可谓不激烈。每年都会有大批的人士因为没有把握好两校MBA项目的申请材料要求、自身优势体现和面试录取倾向等方面因素，而与清华北大MBA失之交臂。

实际上，凭借我们对清华北大MBA申请人的多年辅导经验和对两校MBA项目的录取要求的深入理解，我们这里要对准备考取清华北大MBA的人士说的是：

成功考取清华北大MBA其实并不难！

之所以每年在数以千计的清华北大MBA申请人当中，只有少数能够顺利考取，主要因为，要想考取清华北大MBA，申请人需要攻破以下几道难关：(1)院校关，考生需要对院校MBA培养目标、选拔标准等有较为深入的了解；(2)材料关，确保获得众多申请人中20%的面试机会；(3)管理知识关，考生需要有较为系统的管理知识积累；(4)职业规划关，考生需要有清晰合理的职业发展规划；(5)面试关，需要在清华北大MBA面试考场上充分发挥出自己的实力；(6)笔试关，在最后阶段，需要通过每年1月举行的国家统一联考笔试。

相应地，对于一位有志于考取清华北大MBA的人士而言，只要全力把以下几个方面逐步做好，相信最终一定会成功考取这两所国内顶级院校的MBA。

第一步，深入了解和把握清华北大MBA项目的特点、项目特征、申请流程和面试要求。

"知己知彼，百战不殆。"成功申请清华北大MBA的第一步是熟悉两校MBA项目的基本情况，为后面制订自己的申请策略、申请计划、选择合理的申请项目、撰写申请短文和参加面试打下基础。

第二步，认真准备清华北大MBA的申请材料，尤其是申请短文，获得关键性的MBA面试资格。

不为多数清华北大MBA申请人所知的是，申请材料(短文)直接关系到申请两校MBA的成败！简单来讲，在每年众多申请清华北大MBA项目的申请人中，只有大约20%的申请人获得两校MBA的面试资格，而能否获得上述关键性的面试资格主要取决于申请材料是否符合两校MBA的录取要求。换言之，如果清华北大MBA申请材料没有写好，则根本无法获得面试的机会。同时，申请材料对清华北大MBA面试和最终的面试成绩也起到核心作用。

因此，如果想要成功考取清华北大MBA，最为关键的一个环节就是结合自己的职业背景、行业背景和院校的录取倾向，认真撰写自己的申请材料，使自己申请材料(短文)中所体现的各项优势充分符合院校的录取倾向，在众多清华北大MBA申请人中脱颖而出，获得宝贵的面试机会。每个申请人都有自己独特的职业背景和个人素质方面的独特优势，而这方面的深入挖掘和梳理就是成功获得面试资格的关键。

第三步，加强管理知识的积累。

在清华北大MBA面试中，对申请人的管理分析能力和战略规划能力提出了很高的要求，如果想在竞争激烈的清华北大MBA面试中获得理想的面试成绩，需要将现代管理知识与自己的管理实践实现有效结合，体现出自己优异的管理分析能力和高级管理者的发展潜质。

第四步，进行职业规划和个人管理风格的梳理。

要想通过清华北大MBA面试，需要有清晰合理的职业规划和出众的管理能力及感悟，进而体现出职业发展潜力和自身的优秀管理者综合素质。

第五步，有针对性地进行清华北大MBA面试的准备，赢得面试。

清华北大MBA面试有一套严格的考核体系和标准，要想在面试中获得理想的成绩，除了上述几个环节的深入准备外，还需要对两校MBA面试的考核标准和录取倾向有深入的把握，在面试中有针对性地体现出自己的管理优势。如果不能针对清华北大MBA面试的录取倾向和标准进行有针对性的准备，则很有可能在面试阶段与清华北大MBA失之交臂。

第六步，通过MBA联考笔试。

虽然在每年一月份举行的MBA联考笔试是成功考取清华北大MBA的最后一个环节，但每年仍有很大一部分通过两校MBA面试的考生因为未通过MBA联考笔试而错失进入清华北大攻读MBA的深造机会。因此，如果想要确保最终顺利考取清华北大MBA，对于联考也必须给予相当高的重视。

上述几个环节看似简单，但是实际上每一个环节都要进行系统、全面的准备，需要投入大量的时间和精力，进行专业细致的准备。任何一个环节的准备不充分，都很有可能导致清华北大MBA申请的失败。

这里尤其需要强调的是，清华北大MBA项目非常关注录取新生的申请背景多元化。这主要是考虑到多元化的MBA学生背景有利于在MBA的学习生活中，大家集思广益，从不同的视角作出自己的贡献；同时，多元化的MBA校友群体也有利于提高MBA校友资源的整体价值。例如，在清华北大MBA群体中，既有很多具有较高管理职位的人士，也不乏较为年轻的MBA学生；再如，在两校的MBA群体中，既不乏很多传统行业的人士，如来自金融行业、IT行业、电信行业、能源业和制造业等行业领域的MBA学生，也不乏来自传媒、物流、律师和政府等行业领域的人士。

因此，无论何种申请背景(如年龄、行业和管理职位等)的申请人，只要认真完成上述各个环节的准备和申请流程，把握好自身的各项优势和院校的录取标准，都有很大机会成功考取清华北大MBA。

甄诚

北京大学光华管理学院MBA

社科赛斯教育集团董事长

> 谨以此文献给我的母校清华大学，同时也献给希望通过知名大学商学院MBA教育来成就自己有价值的人生，更愿意为此而付出不懈努力的朋友。

序言(二)
顶级名校MBA，成功的起点

清华大学汇集了国内乃至国际一流的教授，这一论断毫不夸张。在清华校园中，不论走到哪里，都可以看到知名教授的身影，还有一群群来自全国各地的高智商学生，他们用他们的智慧和奋发图强精神谱写着清华的科研成就和学术声誉。然而，是什么使这所学府的整体气氛如此与众不同呢？其实，清华的不同并不是这所大学的师生有多么聪明，而是这里的人们都拥有成功者必备的品质——严谨与勤奋。在很多名牌大学里，虽然聪明人也很多，但我在那里感受到的气氛比在清华要轻松得多。虽然我和其他很多人同样学习非常刻苦，但其他院校的学生往往并不是非如此不可。而在清华，所有人都是如此，你也就必须如此。

取得工商管理硕士(MBA)学位所要求的课程包括经济学、金融学、会计学、组织行为学、市场营销学、运营管理和战略管理等。我还记得曾经在李明志教授的管理经济学课上学了博弈理论。经济学原理指出，人都会根据个人利益选择理性行为。从经济学角度来讲，市场就是采取理性行为的人的集合。博弈论是一门定量分析学科，预测分析非理性决策的制定。从本质上讲，这一理论指出，由于人们相信其他人会采取非理性的行为，从而他们自己也会做出非理性的行为。

不确定性可以驱使人们采取相应的行动。同理性一样，情感也可以左右人们所做出的各项决定。大型集团、企业管理者乃至基层员工，都可能受到情感的驱动而做出非理性行为。对现实商业世界有一定了解的人士都知道，这类事情几乎每天都发生在我们身边，实际上，商业世界中的非理性行为和决策比比皆是，其出现的频率和影响程度应当引起企业管理者的高度重视和分析。

清华大学经管学院的史蒂文·怀特教授的课程令我记忆犹新，这门课程叫做管理思维。在一个错综复杂的系统中，如果你只能认识到某一部分或是发挥限定性作用的因素，那么问题是不可能得到解决的。唯有对整个系统有充分认识——包括系统因素之间的相互作用、变量、限定因素或是内在压力——才能实现真实而持续的发展与改进。许多系统与问题过于复杂，仅仅通过组织结构的变革或是相关专业技能的应用，并不能对问题有足够的整体把握。人们常说，一些复杂的问题可以得出简单而显而易见的答案，这其实是错误的，这门课的相关理论结论正证明了这一点。

在杨百寅教授的组织行为学课上，我们通过角色扮演的方式模拟谈判的各个环节。由于之前自己的职业生涯中曾经参与了很多商业谈判，这次角色扮演对我来说似乎并不困难。但是，在各个环节中，洞悉人们的行为并不容易。所有参与谈判的人都知道，唯有共赢才能带来理想的结果，谈判的两方都要保证谈判可以兼顾各自最重要的利益。有些时候，让人颇感吃惊的是，尽管理性告诉你成功的谈判方式是寻求共赢，但不知不觉中，人们还是会出现"彼输我赢"的商业谈判心态。一旦这种情绪占了上风，谈判者的情绪和自我就会掌控思维，再想通过调整去寻找解决办法是非常困难的。

在学习高旭东教授主讲的战略课程的时候，我读过一本高旭东老师布置的阿尔弗雷德·钱德勒的书。他在书中写到："战略应当使人感到高尚。"我对此非常认同，一个组织的行为及其付出的努力应当是以有价值的目的作为支撑的。所谓"刺激人热血沸腾的灵丹妙药"，即恐惧感，只能发挥一时的效用。当时我们一起学习一位首席执行官试图在公司里推行一项大变革的案例，班上几乎所有同学都批评这位首席执行官行动过于缓慢，如果他继续这样的管理方式，将很难在企业内部保持持续变革的动力。思考了一会，我在课堂上做出了自己的发言："我们都可能会犯类似的错误。如果他行动过快，人们又会批评他过于激进，甚至会因为过快的行动步骤导致企业内部的人心涣散和管理体系的崩溃。"通过这样的课程案例讨论，我在清华MBA课堂上对管理有了更为深入的思考，对我未来的企业管理风格也起到了一定的积极影响。

清华MBA项目具有非常丰富的选修课程资源，每年有大量的选修课程供学生选择，每位清华MBA学生都可以根据自己的学术兴趣、职业发展方向以及论文研究方向自由选择适合自己的选修课程。对于项目管理、人力资源、财务、金融、创业、市场营销、战略等多个研究方向，清华

MBA项目为上述每个方向都设置了大量选修课程，这在国内其他院校的MBA项目中是不多见的。

我选修了国际企业管理这门课程。这方面的课程对于我来说比较富有挑战性，也很新奇。这门课从国际视角对企业管理进行了大量研究，通过很多国际企业发展的成功案例和失败案例，我总结出了管理国际化企业的一些基本经验和值得探讨的问题。班里很多来自微软、通用电气、宝洁等国际化大型企业的同学也对课程作出了很多贡献，结合自己之前所在企业的实际情况和自己的亲身管理体验，提出了很多宝贵的观点和分析思路。如果没有上过这门课，离开清华之后，我想自己不会有信心从全球视角来审视现代教育培训产业的未来行业发展格局和制定企业的未来发展战略。

在清华攻读MBA期间，我还选修了李昊文老师的一门非常有趣的课程——证券投资学。我对企业上市流程、我国资本运作体系和财务制度进行了深入研究并撰写了一篇课程论文。在这一过程中，我不但系统掌握了资本运作的基本规范，同时对现代企业的资本运作模式有了较为全面的了解。这门课程对我的影响很大，使我看到了资本运作对于一家现代企业的重要性，同时也为我担任目前企业的管理职务并制定企业的未来上市规划奠定了基础。

我在清华经管学院上过的每门课都对我的管理思路的形成产生了一定的影响。在这当中，促使我更多关注自己内心深入反思的，还是杨斌教授布置给我们阅读的材料，这些材料对企业家的决策过程进行了深入探讨。其中，前克莱斯勒公司总裁、知名企业家李·艾克卡的企业管理案例材料给我的印象最为深刻。这篇企业案例展示了艾克卡在美国汽车行业排名第三的克莱斯勒公司濒临倒闭时，他是如何通过大刀阔斧的改革和对企业运营流程的优化，实现企业盈利并最终改变汽车市场的竞争格局的，也让我看到了一名具有优越管理能力的企业家在企业发展中所起的关键作用以及管理的重要性。自从读了艾克卡的企业管理案例后，我在企业管理和决策过程中，经常扪心自问，当行业处于飞速发展变化过程中，企业是否做出了及时、有效的反应，抑或是依然故步自封、墨守成规，不肯做出相应的变革？企业的各项决策是否真的有利于企业的长远发展，能够真正提高企业的运转效率，抑或仅仅是为了满足部分管理者和一些部门的利益？在企业的发展过程中，作为企业管理者应当将主要精力放在市场营销和市场拓展中，还是应当将主要精力放在产品服务质量的控制和客户核心价值的提升上？

在清华攻读MBA的第一年，我在EMBA联谊会上结识了许多大企业的高层管理者。他们每隔几周会来学校，晚上跟我们班一起交流。他们每个人都会给我们做一个演讲，之后我们共进晚餐。也许在当时并不算新奇，但我感受到：原来首席执行官也是人。跟生活中从事各行各业的人一样，有些人表现出色，有些人则很平常；有些人直率健谈，有些人则含蓄内敛；有些人雷厉风行，给人压迫感，还有一些则平易近人，让人感觉亲切。同这些清华EMBA班级中的企业高管的近距离接触与交流，揭开了他们的神秘面纱。

还值得一提的是，由于我所攻读的清华MBA全球项目采取清华经管学院与美国麻省理工学院(MIT)斯隆管理学院联合培养的模式，所以MBA培养体系中的很多课程、教授和案例直接来自麻省理工学院。关于麻省理工学院，很多国内人士可能并不熟知，但其在北美洲乃至其他西方国家却享有极高的声誉，是全美公认的最好的以工科为主的综合性大学，汇聚了很多诺贝尔奖得主和美国最富有天赋的学生群体。无论是麻省理工学院的整体学术研究水平，还是这里的商学院——斯隆管理学院，都具有足以与久负盛名的哈佛、耶鲁、斯坦福等美国顶级大学比肩，是顶尖科学家和高级管理人才的摇篮。福特汽车公司前总裁麦克纳马拉和惠普公司前董事会主席菲奥莉娜等知名美国企业家都是从这里毕业的。能够同时获得清华经管学院和麻省理工斯隆管理学院的培养，享受这两所国内和全球最有实力的大学的各项课程资源，也是我当初选择攻读清华MBA全球项目的主要原因之一。

在清华经管学院的两年，我最大的收获是结识了许多在这里就读的同窗，我从他们身上学到了很多东西。由于许多功课都要求我们协作完成，在这一过程中我学到了很多与人沟通的新技能。同时，由于我所攻读的清华MBA项目为全球项目，我的同学大都来自世界各地，我对其他国家的文化有了更深刻的理解，我们之间建立起了难能可贵的友谊。大家一起努力学习，更一起享受生活。离清华大学不远的拾年咖啡厅是清华MBA经常聚会的场所，在这里，我们畅谈未来的理想和在异国的见闻。

清华MBA的毕业论文方式非常有特色，在攻读MBA的第二年学生可以选择将企业整合性实践项目作为自己的毕业论文研究课题。什么是"整合性实践项目"呢？这是清华MBA培养体系中非常重要的一个组成部分，在完成MBA第一年的学习后，清华MBA学生已完成全部核心必修课程的学习，从而基本构建起较为完整的管理科学知识体系，能够结合自己之前在经管学院课堂上所系统学习的管理、金融、财务、战略和营销等角度有效分析企业的实际管理问题。该项目的目标就是使清华MBA学生可以将自己所学的管理知识与企业实际管理充分结合，真正提升清华MBA学生的企业管理能力，实现企业综合管理水平质的飞跃。

我选择了在斯隆管理学院获得管理博士学位的清华经管学院战略系教授高旭东老师作为自己的毕业论文导师，在导师的建议和安排下，我以实习生的身份进入联想集团战略部进行暑期实习。在这里，我见证和参与了联想集团的战略规划过程，从新兴的平板电脑市场对传统PC市场的影响，到联想集团对原自有的商务电脑与收购原IBM个人电脑部门业务的整合，以及联想集团在收购IBM个人电脑部门的全球销售资源的整合及相关的财务分析，都使我对一家国内企业走向国际化的道路有了更为深刻的认识。

在联想集团战略部实习期间，我意识到，随着经济全球化的发展，中国企业的国际化势在必行，这对中国企业的国际市场掌控能力和全球体系的管理综合水平提出了很高的要求，这一课题具有很高的理论研究价值和实践价值。在征询导师的意见后，我选择了"中国企业的国际化路径和全球化管理体系构建"作为自己的毕业论文研究课题，在论文撰写过程中充分借鉴了在联想集团总部战略部实习工作的亲身体验和相关资料，最终顺利完成了清华大学经管学院组织的硕士论文答辩。

回首在清华的两年MBA学习生涯，要感谢在这里遇到的良师益友，还有母校清华"行胜于言"的严谨学风。清华MBA，赋予了我系统的管理知识和管理能力，让我掌握了最新的商业技能和管理思维。从清华毕业后，我重新踏上职业生涯的征途。清华MBA，是事业崭新征程的起点。

赵 羽

清华大学经管学院MBA

美国麻省理工学院(MIT)斯隆管理学院全球校友

社科赛斯教育集团副总裁

目 录

上 篇　走近清华北大MBA……………………………… 1

第一章　初识清华北大MBA……………………………… 3
　　MBA的起源和价值…………………………………… 5
　　清华北大——国内最顶尖的MBA项目……………… 9
　　清华北大MBA的报考条件和证书颁发……………… 12
　　清华北大MBA的学习方式——脱产与在职………… 14

第二章　清华北大MBA申请项目………………………… 17
　　清华MBA申请项目…………………………………… 19
　　北大MBA申请项目…………………………………… 25

第三章　清华北大MBA学习生活………………………… 31
　　清华北大MBA课程体系介绍………………………… 33
　　清华北大MBA的案例教学…………………………… 42
　　紧张而充实的清华北大MBA学习生活……………… 45
　　丰富的海外名校交换和双学位资源………………… 48
　　清华北大MBA的暑期实习生活……………………… 54
　　清华北大MBA的"双导师"培养机制………………… 58

中　篇　申请清华北大MBA…………………………63

第四章　清华北大MBA申请流程………………………65
　　　　　清华北大MBA提前面试………………………67
　　　　　清华北大MBA的申请流程……………………70
　　　　　清华北大MBA申请项目的选择…………………74
　　　　　如何提高申请清华北大MBA的成功率…………77

第五章　清华北大MBA面试流程………………………83
　　　　　清华MBA面试流程……………………………85
　　　　　北大MBA面试流程……………………………89

第六章　清华北大MBA申请短文的撰写………………93
　　　　　申请材料对成功考取清华北大MBA的关键意义……95
　　　　　申请短文类型1——成功与失败经历……………97
　　　　　申请短文类型2——职业发展规划………………102
　　　　　申请短文类型3——自身优势与独特视角…………105
　　　　　申请短文类型4——攻读MBA的价值与学习规划…109
　　　　　申请短文类型5——个人职业道德观………………113

第七章　清华北大MBA面试核心环节指导………………117
　　　　　清华北大MBA职业规划环节面试攻略……………119
　　　　　清华北大MBA领导力环节面试攻略………………123
　　　　　清华北大MBA战略规划能力面试攻略……………129
　　　　　清华北大MBA压力面试环节面试攻略……………133
　　　　　清华北大MBA培养价值考评环节面试攻略…………138
　　　　　清华北大MBA面试考官所倾向的整体素质表现……140

第八章　MBA联考笔试备考攻略…………………………147
　　　　　清华北大MBA联考笔试综述…………………………149
　　　　　MBA联考笔试备考策略指导…………………………151

MBA联考综合科目备考指导 ················· 154
MBA联考英语科目备考指导 ················· 160

下篇　清华北大MBA校友访谈录 ············· 163

北大光华MBA面试经验与心得 ················ 165
种下一颗希望的种子，用汗水去浇灌 ············ 170
用行动来改变自己 ·························· 175
机遇总是垂青有准备的人——记清华经管2009级MBA杨诺 ································ 180
麻省理工留学之旅 ·························· 182
通过MBA平台实现行业转换经验分享——记清华经管2007级MBA张菲菲 ·························· 184

后记 ······································ 187

上 篇
走近清华北大 MBA

第一章
初识清华北大MBA

> 对于MBA学生中的许多人来说,攻读MBA的两年是改变其一生的经历。

MBA的起源和价值

MBA(工商管理硕士)教育诞生于美国,经过百年的探索和努力,它培养了为数众多的优秀工商管理人才,创造了美国经济发展的神话和奇迹。MBA被誉为"天之骄子"和"管理精英",成为企业界乃至社会敬重和羡慕的特殊人物,甚至在公众心目中被视为"商界英雄"。据统计,美国最大的500家公司的总经理、董事长等高层主管,绝大多数都是MBA。这一惊人的事实,是对MBA教育成功业绩的最好说明。MBA意味着超群的能力、胆识、品德,代表着财富、地位、权力、荣誉,预示着希望、成功和辉煌。

通过攻读工商管理硕士学位来全面提升企业管理能力和管理知识水平，是众多有志于成为企业高级管理人才的最佳通道。在美国华尔街的摩根斯坦利、高盛等知名投行管理层中不乏哈佛、沃顿、斯坦福MBA的身影，在IBM、宝洁、通用电气、福特等各大全球知名企业的中高层管理者中也不乏这些国际顶尖MBA。MBA学位已经成为进入知名企业、担任企业重要管理职务所必不可少的敲门砖和教育背景要求。很多知名企业都将顶级院校MBA毕业生作为招聘的主要选择对象，MBA学位也是职业晋升的重要筹码。

2014年春季，中国MBA教育网着手评估MBA学位对毕业生的影响，这些毕业生都有10年以上的工作经验，从而有充分时间证明他们的才能。这项调查不是一种排名，而是想要说明MBA在一组毕业生眼里的价值，这些毕业生都是在商业管理学位备受青睐的时候毕业的。那么，这些人都说了些什么呢？他们说，MBA价值很大。诚然，它并不是十全十美的学位，不是对商业管理方面的所有事情总有好处。但在一个越来越需要各种证书的社会，它肯定是一块敲门砖，使毕业生能充满自信地跨过各种门槛。

此外，通过这项调查获得的数据反映了管理阶层的一个情况——他们处于真正的强势地位。他们的工资和奖金很高，他们毕业后只用10年就在各自公司里获得了最高职位。他们具有创业精神，是一群雄心勃勃的男女，创办了数以百计的公司，创造了近10万个就业机会。对这些人来说，这是出人意料的成绩，因为人们本来瞧不起他们，认为他们只善于统计数字和提供咨询，而不善于做实事。如今，他们都是首席执行官、副总裁、地区经理和工商界各行业主管。他们担负着管理职责，每人负责管理的人数平均为93人。而且，他们中的许多人拥有足够的财富，并愿意为社会慷慨奉献自己的财富和时间。

最主要的是，他们说攻读MBA学位是值得的。约89%的人说，假如需要重新开始，他们还会去攻读MBA。而且，近80%的人说，他们还会上原来的学校。那些说想上其他学校的人选择的学校有清华大学经管学院、北

京大学光华管理学院、北京大学汇丰商学院和中国人民大学商学院等，这些学校是他们梦寐以求的学校，因为这些名牌学校一贯实力雄厚。大多数校友对他们从自己学校受到的教育和获得的知识给予了高度评价。32岁的董丽说："从商学院的经历给予我的回报看，为了获得这种教育，假如要比当初多付几倍的学费我也愿意。"董丽是清华大学经管学院工商管理硕士2013届毕业生，最近被任命为中信出版集团国际部总裁。

对董丽和许多MBA同学来说，他们的技能和知识在第一份工作中获得的回报不太大，但在第二份或第三份工作中获得的回报很大。最初，董丽认为她要在传媒业工作。但她后来认识到，她的天赋在研究分析方面。于是，她便去Sanford C. Bernstein公司从事研究工作，而且职务迅速提升，担任了公司主管。实际上，在她的2013届同学中，目前大约29%的人在金融界工作，33%的人在电信、媒体、科技、医药、生物、制造业等行业工作，7%的人在咨询业工作，其他许多人则在房地产、媒体、政府机构、教育等各行业中发展。约有1/3的人担任着所在公司的前三个最高职务之一，还有一些人则管理着自己的公司。

2013届毕业生中的大多数人都至少达成了一点共识，即MBA学位给了他们新的自信。刘昕说："商学院在很大程度上克服了我们在工商管理方面的盲点。"刘昕毕业于清华大学经管学院MBA，同时获得了麻省理工学院斯隆管理学院的管理学硕士双学位，现任一家风险投资公司的高级副总裁。在回复调查的人员中，许多人像刘昕一样认为，他们在商学院里能够全身心地投入到商业世界中，感觉突然之间"入行"了。

在过去10年里，很多人实现了MBA梦。他们在公司里一步一个阶梯往上爬，通过自己的努力取得了成功，在全球经济中占有一席之地。从他们身上，可以窥见MBA教育每年培养出来的工商人才之一斑，这些人才可能具有很强的实力和创造力，并且广受企业界的欢迎和重视。

> 清华大学和北京大学的MBA项目是公认的我国最顶尖、最受企业界认可的商学院MBA项目。

清华北大——国内最顶尖的MBA项目

中国的MBA教育发展很快,各大企业越来越重视MBA毕业生——尤其是名校MBA毕业生。从师资水平、培养体系、国际综合排名等角度,清华大学和北京大学的MBA项目一直位居我国MBA项目的前两位,是公认的我国最顶尖、最受企业界认可的商学院MBA项目。每年大批清华北大MBA毕业生深受国内外知名企业的青睐,很多知名企业(如中金、高盛、宝洁等企业)将国内招聘对象主要锁定在清华、北大这两所国内最顶尖院校毕业的MBA,在我国企业界高管行列中也活跃着清华北大MBA的身影。

清华大学经济管理学院成立于1984年,首任院长为朱镕基教授,现任院长为钱颖一教授。清华经管学院是率先获得AACSB和EQUIS全球两大管理教育顶级认证的国内大学商学院,2012年底又率先通过了中国高质量MBA教育认证。清华MBA项目作为国内首批创办的MBA项目,22年来一直引领国内MBA的发展,是全国最具影响力的MBA项目。全国MBA教育指导

委员会秘书处就设于清华经管学院。

　　清华经管学院依托清华综合性大学的优势，通过大学融合，培养复合型管理人才，为清华MBA学生打开了广阔的学习空间。现在清华大学已有千余门的研究生课程向清华MBA学生开放。此外，清华MBA学生还能充分享受大学就业服务、校友资源、图书馆馆藏、各院系丰富的讲座等大学资源。

　　北京大学目前有两个MBA项目，一个是北京大学光华管理学院主办的MBA项目，另一个则是北京大学汇丰商学院主办的MBA项目，两个MBA项目同属北京大学MBA项目，师资水平、教育体系、培养理念等也不相上下，共同代表了国内MBA教育的最高水平。

　　北大MBA项目致力于培养具有社会责任感和全球视野的高级管理者与未来商业领袖。光华MBA项目借助北大深厚的人文底蕴、系统而创新的课程设置以及丰富的课外活动，使学生了解前沿的商业知识，具备跨文化的敏感性与人际沟通技能，成为具有在复杂环境下分析解决问题能力的、勇于承担未来挑战的创新型人才。

　　这里所说的领袖应当具有更加完整的内涵：他们全面掌握商业知识和技能，具有全球视野和社会责任感；对社会问题具有主动的担当精神，用最自觉的精神和态度将自己的所见、所学、所能整合运用到实际工作中，

不仅为企业，也为社会创造价值；善于反思和创新，勇于开拓，是各自事业领域的先驱和推动者。

作为国内最具实力的两所大学的MBA项目，无论考取清华还是北大MBA，都意味着跻身顶级商学院MBA的行列，成为国内外知名企业青睐的对象，同时将通过在清华北大的学习获得宝贵的MBA深造机会，这对未来的职业发展和职位晋升的帮助无疑是巨大的。

> 清华北大MBA项目均在学生毕业后颁发工商管理硕士学位和清华北大研究生学历证书。

清华北大MBA的报考条件和证书颁发

清华北大MBA的报考条件主要是针对毕业年限提出了相应要求。具体来说,根据清华北大MBA的招生要求,如果已获得本科学历,则应当到MBA入学时(一般为参加MBA提前面试的转年)有三年或三年以上的全职工作经历;如果已获得研究生学历,则应当到MBA入学时有两年或两年以上的全职工作经历;如果已获得专科学历,则应当到MBA入学时有五年或五年以上的全职工作经历。

清华北大MBA项目均为国家正规工商管理硕士项目,学生毕业后将颁发工商管理硕士学位证书和研究生学历证书。具体而言,对于北大光华和北大汇丰这两个北大MBA项目而言,毕业生均将获得由北京大学颁发的工商管理硕士学位证书和北京大学研究生学历证书。对于清华大学经管学院MBA项目而言,毕业生将获得由清华大学颁发的工商管理硕士学位证书和

清华大学研究生学历证书。

此外，清华大学经管学院2013年新推出的MBA全球项目除了颁发上述清华MBA学位证书和研究生学历证书外，还颁发美国最著名的理工科常青藤大学——麻省理工学院斯隆管理学院的课程学习证书(详见后文关于清华MBA具体项目的介绍)。

> 清华北大MBA有脱产与在职两种学习方式,申请人可以根据自己的职业情况、经济情况和学习习惯等方面自主决定MBA的攻读方式。

清华北大MBA的学习方式——脱产与在职

如前所述,一般来讲,清华北大MBA的招生对象是有一定工作经验的人士,而非应届毕业生。那么,这里有一个问题:如果申请攻读清华北大MBA,是否就意味着必须放弃目前的工作?实际上,清华北大MBA有脱产与在职两种学习方式,申请人可以根据自己的职业情况、经济情况和学习习惯等方面自主决定MBA的攻读方式。

具体而言,清华和北大两校的MBA项目均同时开设了在职项目和脱产项目。如果选择在职项目,则学习方式为周末时间进行上课学习,通常不会影响正常的工作。如果选择脱产项目,则意味着通常必须辞去目前的工作,在平日上课学习,上课方式与全日制研究生基本一致。

这里尤其需要强调的是,虽然上述两类MBA项目(在职项目和脱产项目)在学习时间安排上有所差异,但两类MBA项目的课程内容是基本一致

的，也就是可以学到相同的MBA知识体系。同时，两类MBA项目(在职项目和脱产项目)所颁发的证书是完全一致的，亦即均颁发相同的学位证书和学历证书。换言之，学习方式的选择对攻读MBA最终所取得的学位和学历没有任何影响，只是上课学习时间有所不同，申请人可以根据自己的情况和偏好自由选择在清华北大攻读MBA的上课方式。

第二章
清华北大MBA申请项目

> 清华MBA包括"清华MBA项目"、"清华-MIT全球MBA项目"和"清华-北卡MBA项目"三个申请项目。

清华MBA申请项目

清华MBA[①]包括"清华MBA项目"、"清华-MIT全球MBA项目"和"清华-北卡MBA项目"三个申请项目。

下面我们分别来具体了解下清华MBA的这三个申请项目。

1. 清华MBA项目

对于清华MBA项目而言,其学制为三年,采取不脱产(在职)的学习方式,即主要在周五晚上和周末时间上课。根据清华经管学院的官方信息,该项目的定位为"为中高级管理者加速事业升级提供的高端MBA项目"。在前2.5年(前5个学期)主要以授课为主,最后一学期则以毕业报告的完成为主。该项目毕业后颁发清华大学研究生学历证书和工商管理硕士学位证书。该项目以中文授课为主,可选英文课程,每年的招生名额约在360人左右。

根据清华大学经管学院的学习时间安排,对于攻读该在职项目的清华MBA而言,可以自由选择以下三种具体的上课时间组合:(1)周五晚上 + 周六全天;(2)周六晚上 + 周日全天;(3)周日全天 + 周一晚上。

---

① 本书所涉及的清华、北大MBA相关项目招生信息,院校有可能加以调整,具体信息以清华、北大MBA招生官方网站的信息为准,下同。

此外，为了让更多优秀的外地考生能够接受最好的管理教育，清华经管学院决定在2014年入学的清华MBA项目中开设1～2个集中授课班级。集中授课班的MBA学生可以每两周到校一次参加连续4天(含周末两天)的集中课程，与原每周末上课两天的上课方式相比，节省了交通和时间成本。

实际上，攻读该项目的清华MBA在选择上述上课具体方式的同时，也就确定了自己的班级群体，亦即清华MBA(在职)项目的班级是由选择相同上课时间的清华MBA同学组成的。

从清华MBA在职项目的学生实际总体情况来看，攻读该项目主要有以下两方面的优势：

(1) 拥有较为高端的班级校友群体。选择在职攻读清华MBA的人士年龄阶段、职位层次等要略高于脱产项目，这无疑有助于提高班级校友群体的整体职位水平和管理资历，使清华在职班MBA获得宝贵的清华校友资源。

(2) 采取在职学习方式，亦即主要在周末上课学习，从而基本不影响正常的工作，在经济上承受的压力也相对较小。实际上，很多攻读清华(在职)MBA项目的同学，在就读清华MBA的三年期间始终并未通知其雇主，依然通过业余时间学习圆满拿到了清华大学MBA的学位和清华大学研究生学历证书。

2. 清华-MIT全球MBA项目

清华-MIT全球MBA项目为清华MBA的脱产项目，采取周一到周五上课的方式，与一般意义上的研究生上课方式基本一致，学制为两年，由清华大学统一在清华校内提供研究生专用宿舍。在前1.5年(前3个学期)主要以授课为主，最后一学期则以毕业

报告的完成为主。该项目毕业后颁发清华大学研究生学历证书和工商管理硕士学位证书。同时，对于该项目的清华MBA毕业生而言，由于清华-MIT全球MBA项目由清华经管学院与美国麻省理工学院斯隆管理学院联合培养，除了上述两个证书外，还将获得由美国麻省理工学院斯隆管理学院颁发的课程学习证书。该项目同时提供英文课程和中文课程，每年的招生名额约在120人左右(含海外留学生)。

清华-MIT全球MBA项目的最大特点和优势是，该项目是与美国著名大学——麻省理工学院斯隆管理学院合作办学。麻省理工学院无论是在美国还是全世界都有非常重要的影响力，培养了众多对世界产生重大影响的人士，是全球高科技和高等研究的先驱领导大学，也是世界理工科精英的所在地。麻省理工是当今世界上最负盛名的理工科大学，《纽约时报》笔下"全美最有声望的学校"。尤其值得一提的是与清华联合培养全球项目MBA的麻省理工学院斯隆管理学院，该学院成立于1914年，在世界商学院排名中一直名列前茅，在2012年的《美国新闻与世界报道》全美商学院总排名中名列第四位，仅次于哈佛商学院、斯坦福大学商学院和宾夕法尼亚大学沃顿商学院，在企业管理人才培养和研究体系等方面享有极高的声誉。

由于采取清华与美国麻省理工学院联合培养的模式，清华-MIT全球MBA项目具有以下明显优势：

(1) 可以同时获得清华经管学院和麻省理工学院斯隆管理学院的宝贵课程资源，从而同时吸收清华、麻省理工学院这两所国内和国际顶尖大学的各项精华，如校友网络、学风培养、师资体系等，使全球项目MBA兼具清华的品格和麻省理工学院的国际化视野。具体而言，清华大学是我国最具科研实力的大学，对于中国的市场和国内企业的管理理念有着较为深入的把握；麻省理工学院则是北美最为著名的大学之一，在国际大学排名中也居前，对于西方企业的管理理念和国际市场的发展趋势有着深刻的掌握。通过这两所国内外顶级大学的培养，清华-MIT全球MBA可以获得全方位的系统培养。

(2) 作为国际顶级商学院，麻省理工学院斯隆管理学院提供的课程资源和案例体系有利于提升清华-MIT全球MBA的国际视野和国际企业管理能力，这对有志于成为国际化企业高层管理者和从事全球市场拓展的人士尤为重要。

(3) 清华-MIT全球MBA项目除了向MBA毕业生颁发清华大学研究生学历证书和清华大学工商管理硕士学位证书外，还颁发麻省理工学院斯隆管理学院课程学习证书，该证书在全球范围内获得认可并且具有较高的含金量，对于该项目毕业生在国际化企业获得重要管理职位有较大的帮助，使其获得全球企业雇主的认可。

(4)对于清华-MIT全球项目MBA而言，除了在毕业后获得清华大学学历证书、MBA学位证书和麻省理工学院斯隆管理学院课程学习证书外，还可以申请麻省理工学院斯隆管理学院的管理学硕士双学位。该双学位项目由麻省理工学院斯隆管理学院主办，学制一年，即MBA学制的第二年在位于美国波士顿的麻省理工学院完成学业，毕业后同时获得清华大学颁发的MBA学位和美国麻省理工学院管理学硕士学位。每年很多清华-MIT全球项目MBA选择同时攻读MIT的管理学硕士学位。

此外，除了上述优势，清华-MIT全球MBA项目还具有以下优势：(1)清华-MIT全球MBA项目班级群体由国内学生与海外留学生组成，国际化的班级群体有利于该项目学生提升自身的国际化视野和跨文化交流能力；(2)清华经管具有丰富的海外交换资源和双学位资源，由于该项目国际化程度较高和有较为充足的日常学习时间，从而较为容易获得海外名校的交换留学机会和双学位申请机会；(3)该项目采取脱产学习方式，从而该项目的学生可以全身心投入清华校园的MBA学习中；(4)该项目的脱产学习方式有利于MBA学生进行企业实习，有利于在清华MBA学习的同时获得较为丰富的企业管理实践经验。

3. 清华-北卡MBA项目

清华-北卡MBA项目为清华大学与美国北卡罗来纳大学共同创办的MBA项目。作为项目主办方之一的北卡罗来纳大学凯南商学院是美国著名的商学院，在2013年《华尔街日报》全美商学院排行榜中居前十位，该项目完美融合清华大学和美国北卡罗来纳大学的雄厚实力和研究成果，为企业管理者带来全球新视野、前瞻性思维和管理新智慧，并以此培养全球产业新领袖。

该项目学制为20个月，每月利用一个周末集中三天(周五至周日)上课，采取中英文双语授课，英文授课时会提供中文翻译和中英文对照教材或讲义。项目师资以清华大学和北卡罗来纳大学各领域的知名教授为主。每年的招生名额约在40人左右。

清华-北卡MBA项目学员毕业后将获得中美两所顶级大学的两个学科的学位证书：清华大学工程管理硕士学位(MEM)和美国最优秀的商学院之一的北卡罗来纳大学凯南商学院的工商管理硕士学位。

清华-北卡MBA项目的上课地点为中国清华大学和美国北卡来罗纳大学。此外，在学习过程中，学员还将赴荷兰鹿特丹、阿联酋迪拜等国际著名港口城市及美国当地知名行业企业进行考察交流。

清华-北卡MBA项目具有以下特色和优势：

(1) 世界两所名校共同打造，具有较高的国际化程度。清华大学为中国最负盛名的百年名校，北卡来罗纳大学全面公立大学排名前五，整体实力全球闻名。上述两所世界名校以前沿的理念设计创新课程，确保了项目的高端品质。

(2) 世界一流院校双硕士学位。清华大学与北卡罗来纳大学的硕士学位具有极高的含金量和认可度，学员在完成全部课程并达到双方要求后，将同时获得清华大学工程管理硕士学位和北卡罗来纳大学工商管理硕士学位。

(3) 融合双学科资源精粹，打通管理疆界壁垒。在复杂多变的国际商业环境下，企业管理所面临的问题往往会涉及多个领域或学科，单一的管理专长已经无法从容应对多重的管理挑战。企业管理人员只有全面汲取多个学科的精华，才能更立体、更系统地认知和应对管理难题。清华-北卡MBA项目在原有工商管理课程的基础上，创新地融入工科内容，将供应链课程完美植入，全面突破管理疆界。

(4) 国际化的双名校校友网络。清华大学校友遍布政、商、学界，已经成为中国各领域的领军人物和中坚力量，其凝聚力和影响力有目共睹；美国北卡来罗纳大学建校200多年间亦培养大批企业管理精英，包括摩根大通前首席执行官比尔·哈里逊(Bill Harrison)、美国银行前首席执行官休·麦科尔(Hugh McColl)等。学员入学后将获得两所世界名校学籍，融入双方全球校友网络。

> 北大MBA项目包括由北京大学光华管理学院主办的MBA项目和北京大学汇丰商学院主办的MBA项目。

北大MBA申请项目

如前所述,北大MBA项目包括由北京大学光华管理学院主办的MBA项目和北京大学汇丰商学院主办的MBA项目,两者颁发的证书是完全一样的,毕业后均颁发北京大学研究生学历证书和工商管理硕士学位证书,其在课程体系上也基本相近。

这里还需要强调的是,对于报考北大MBA项目的考生来说,无论选择哪一项目(具体项目信息见后文),其毕业后所获的学历证书和学位证书均完全相同,亦即所获毕业证书与所选项目和具体学习方式无关。

北大MBA项目的优势主要包括以下方面:

(1) 强大的师资团队

拥有以厉以宁、海闻、张维迎、蔡洪滨教授为代表的多位在国内外有广泛影响、享有崇高声望的著名学者,北大师资专业背景雄厚,拥有博士学位和海外博士学位的教师比例居全国第一。北大的教师讲课观念鲜明,深入浅出,不断推陈出新,为学员提供借鉴国外先进管理理论与中国管理实践相结合的独特视角。

北大MBA项目拥有系统而创新的课程设置,北大MBA课程分为核心课程和选修课程。14门核心课程为MBA学生必须掌握的管理与经济方面的基础知识和技能,100多门次的选修课程按照通用管理和7个专业方向设置。学生可以在掌握综合基础知识和技能的前提下,结合自己的职业规划,在1~2个符合自己职业发展方向的领域内选择课程。目前设置的专业方向有:金融管理、会计与财务管理、市场营销、人力资源与组织行为、决策与信息管理、战略与国际企业管理、创业管理。

(2) 丰富的第二课堂

北大与国内外金融界、经济学界和企业界也保持着紧密广泛的合作与联系,多次主办和承办了重大的国内和国际会议。一大批声名远播的国内外专家学者、跨国公司总裁、世界组织的首脑访问我院并开展了精彩的学术报告和讲座,MBA学生能及时获得国内外最新研究成果、管理经验,能密切跟踪中国经济与管理中的热点问题,能透彻理解国家的大政方针与政策措施。MBA项目将企业讲座与课程结合,除了戴姆勒论坛、思科论坛、微软创新论坛等系列讲座外,北大的选修课程还经常邀请知名企业的董事长作讲座。

(3) 与世界著名商学院互换交流

北大提倡开放办学,与美国西北大学凯洛格(Kellogg)商学院、芝加哥大学布斯(Booth)商学院、宾夕法尼亚大学沃顿(Wharton)商学院、纽约大学斯特恩(Stern)商学院、加利福尼亚大学洛杉矶分校安德森(Anderson)商学院、德国曼海姆大学商学院、荷兰伊拉斯姆斯(Erasmus)大学鹿特丹商学院以及香港科技大学商学院等78所知名商学院分别签订了学生交流项目协议。通过一个学期的交流,学生了解异国文化,丰富了人生经历,拓展了国际视野,在全球化的职场平台上更具竞争力。

(4) 独具特色的双学位国际MBA项目

北大MBA一年在北大学习,一年留学在国外,最终获得两个商学院MBA学位的双学位项目。自2001年在国内创办以来,北大MBA毕业生深受企业的欢迎。目前与北大管理学院合作的商学院有7家:新加坡国立大学商学院、法国ESSEC商学院、加拿大约克大学斯古里克(Schulich)商学院、美国得克萨斯大学奥斯汀分校迈克库姆斯(McCombs)商学院、美国华盛顿大学福斯特(Michael G. Foster)商学院,韩国首尔大学商学院和韩国延世大学商学院。毕业生能够同时学到东西方的商业理念、知识和技能,在世界顶级商学院建立自己的人脉网络,获得全球化的国际视野。

在实践项目与实践活动方面,MBA学生在校就读期间,可参与的实践项目有:全日制MBA(含国际MBA)在第一学年课程结束后的暑期实习项目,即将开设的企业咨询实践项目,老师的企业调研项目等。学校也会组织学生参加国际国内案例大赛、创业大赛,为学生实践和检验学习成果提供机会和帮助。此外,学生通过组织各种大型论坛、大型文艺晚会、文体竞技等活动,借以锻炼组织能力和领导能力。北大MBA联合会是在校MBA同学组成的学生组织,联合会组织和承办的北大新年论坛已成为中国最具影响力的公开学术论坛之一。

(5) 专业化的就业指导与服务

北大MBA项目通过提供职业测评工具和"一对一"的职业咨询辅导、举行职业规划研讨会等协助学生完成个性化的职业定位和职业规划;通过一系列的就职前培训,包括简历写作、面试技巧、如何有效获取职业信息,以及职场沟通技能培训等,协助学生提升职场竞争力;通过整合各种资源,邀请国内外著名企业在北大举办校园活动和招聘宣讲会,指导学生建立人际网络;积极搭建在校学生与校友和企业之间的桥梁,每年定期举行大型招聘会、专场招聘会以及多种形式的与企业交流的活动,为学生提供广泛的实践、实习以及就业机会;学生通过充分利用职业发展中心的服务实现个人职业发展的长期和短期目标。

(6) 丰富的校友资源

北大校友联络中心是校友与母校交流互动的理想平台。校外特聘导师制度(每6个学生配备一位校友导师)借助北大校友资源,将MBA在校同学与校友建立起具体的真实的联系。

下面我们具体介绍一下北大MBA的申请项目。

1. 北大MBA在职项目

实际上,北大光华管理学院与北大汇丰商学院均开办了MBA在职项目,其招生名额如下:北大光华在职MBA(北京上课)名额约为220人,北大光华在职MBA(深圳上课)名额约为80人,北大汇丰在职MBA(深圳上课)名额约为80人。

北大MBA在职项目的定位为:为事业处于上升期的业务骨干和自主创业人士提供的项目。其以帮助学生进一步开拓思维、提升事业、强化分析、决策和领导能力为目标,适合工作业绩突出、职业背景优秀,欲进一步提升事业平台的人士报考。

该项目采取中文授课,可选修部分英文课程。学制为两年,采取在职学习方式,即主要在周末和节假日进行授课。

2. 北大MBA全日制项目

北大光华管理学院与北大汇丰商学院均开办了MBA全日制项目,其招生名额如下:北大光华全日制MBA(北京上课)名额约为70人,北大汇丰全日制MBA(深圳上课)名额约为40人。

北大MBA全日制项目的定位为:为极具潜力的业界年轻精英提供的项目。其以培养基础管理知识和领导能力为核心,帮助学生全面提升管理技巧和素养,适合以实现职业提升和转换为目标的人士报考。

该项目采取中文授课，可选修部分英文课程，学制为两年。北大光华全日制MBA项目采取脱产一年、模块(在职)学习一年的学习方式，即第一年脱产学习，第二年在职学习，由北大在北京校区提供校园内宿舍。北大汇丰全日制MBA项目采取脱产两年的学习方式，由北大在深圳校区提供校园内宿舍。

3. 北大MBA国际项目

该项目由北大光华管理学院开办，其招生名额为70人(包含海外留学生)。

北大MBA国际项目的定位为：注重中外学生融合的项目，以培养学生的跨文化沟通能力、立足中国而面向国际的领导和决策能力为目标。其适合那些以跨国公司、国际组织或以开拓全球市场为目标的世界范围内学生报考。

该项目采取英文授课。学制为两年，采取脱产一年、模块(在职)学习一年的学习方式，即第一年脱产学习，第二年在职学习，由北大提供校园内宿舍。

第三章
清华北大MBA学习生活

> 清华北大MBA第一学年主要以MBA核心课程(必修课程)的学习为主。在第三学期有两种学习方式可供选择：一是根据自己的未来职业发展方向和个人兴趣选择相应的选修课程，二是选择赴海外知名商学院进行交换学习。

清华北大MBA课程体系介绍

1. 清华北大MBA入学导向活动

清华北大MBA正式入学后，将首先参加为期20天左右的"MBA入学导向"活动，其主要目的在于使MBA新生熟悉校园环境和学习文化，同时具备MBA系统培养所需的基础知识和分析能力，适应未来MBA学业生活。

具体来讲，在清华北大MBA入学导向阶段，主要包括以下课程和活动。

(1) MBA预备课程。该课程主要为正式的MBA课程打下知识基础，如MBA正式课程所需的基础数学知识(微积分、线性代数和概率论基础知识等)。我们知道，MBA课程中有很多学科(如数据模型与决策、管理经济学的部分)需要用到基础数学知识，但很多文科背景的MBA新生之前没有学过相关知识，从而担心完成MBA学业会有困难。实际上，这一担心是多余的，清华北大MBA课程体系充分考虑到了这部分文科背景MBA新生的需求，专门在入学导向阶段开设了MBA预备课程，使MBA新生在正

式开始MBA课程前获得充足的基础知识储备，为未来的MBA课程的系统学习打下坚实的基础。

(2) 校园文化导入。清华北大有着悠久的历史，积累了深厚的校园文化底蕴。作为两校的MBA新生，需要充分了解校园文化，使自身融入校园的学习氛围和学术氛围中，成为真正的清华北大学子，为未来的MBA学习和职业发展奠定校园文化底蕴。例如，清华MBA校园文化导入中，侧重培养MBA新生严谨务实的学风和"自强不息，厚德载物"校训下的道德品质；北大MBA校园文化导入中，则侧重培养MBA新生自由、民主的学习风气和人生理想。

(3) 户外拓展。户外拓展是清华北大MBA校园拓展活动中一项很有特色的活动，通过户外拓展活动，既锻炼了清华北大MBA坚韧不拔、敢于挑战的意志品质，同时也培养了团队协作和沟通能力。

(4) 商业模拟及案例分析等体验式培训。例如，清华MBA从2013年开始，在入学导向阶段为MBA新生引入了TechMark课程，即"企业经营决策模拟"活动，通过由MBA新生组成的小组中的成员担任不同的管理角色——如营销、财务、管理、人力等部门的领导者——来完成特定的商业项目。各个不同小组成员通过"头脑风暴"，集思广益，结合自身的职业背景和管理经验，大胆提出自己的商业决策和管理策划，通过团队协作，实现团队的既定商业目标，并通过不同小组的商业对抗来模拟商战的实际场景。大家迅速磨合、商讨对策，应对如何在模拟迥异的市场环境中抢占先机。智慧在碰撞，个性在张扬，既往的商业思维不经意间浮出现场，有的小组成员之间为了一个判断、决策各抒己见，有交流，有碰撞。TechMark课程的目的之一就是要让学员在新颖的思考、分析和碰撞环境中，发现和感悟各自的商业思维特点，在彼此的对话、讨论甚至争论中完成对自我的再认识，课程过程始终是比赛的气氛，这就更加容易激发学员的竞争意识和商业潜质。

2. 清华北大MBA第一学年(第一、第二学期)课程体系——MBA核心课程

清华北大MBA第一学年主要以MBA核心课程(必修课程)的学习为主。这些课程都是清华北大MBA的必修课程，构成了MBA课程的基石。换言之，无论MBA的教育专业背景和行业背景如何，都必须在MBA学业的第一年按照院校的课程体系安排完成这些MBA核心课程的学习。

实际上，从MBA培养体系的角度来说，这些MBA核心课程构成了一名高级工商管理人才进行各类企业管理活动所必需的管理知识体系，为未来的企业管理生涯的职业发展奠定了坚实的基础。例如，随着职位的提升，很多清华北大MBA毕业生未来将成为企业的高层管理者。相应地，对于一名企业高层管理者而言，他需要一定的财务报表知识来及时掌握企业的经营信息和对各项经营决策提供支持，需要一定的金融知识对企业的资本市场运作有一定了解，需要一定的企业管理知识对公司的各项管理和组织架构问题进行有效的决策、控制，需要一定的战略管理知识来从战略层面确定企业的发展方向等。

具体来讲，清华北大MBA的核心(必修)课程主要包括以下课程。

(1) 数据、模型与决策

本课程包括统计学和运筹学两部分的教学内容。本课程设置的目的是为进行经营管理问题的研究和实践提供统计学和运筹学的方法，为其他有关专业课程提供数据分析方面的基础，提高学生处理数字信息的能力，以统计学和运筹学的独特思维方式对学生进行思维训练，开拓思路。

统计学是一门方法论的学科，研究如何搜集、整理与分析统计资料以及进行统计推断的理论与方法。运筹学是依照给定目标和条件从众多方案中选择最优方案的科学决策方法。

对于一名国内顶级院校毕业的MBA而言，除了具备对市场和企业管理的定性分析能力外，通过相关市场数据和企业数据进行定量分析也是必不

可少的一项重要能力。通过统计模型等数量分析工具，往往可以给各项重大企业决策提供更为科学的决策依据，这也是现代企业管理、市场分析和企业咨询的主要发展方向，是一名名牌大学MBA毕业生必须具备的一项能力。

(2) 管理经济学

管理经济学是一门应用经济学，它以微观经济学为理论基础，借助于决策科学和管理科学的各种方法和工具，指导企业决策者高效率地配置稀缺资源，制定和实施能使企业目标得以实现的经营决策。

管理经济学的主要内容可分为经济理论、优化方法和管理决策三部分。管理经济学强调将这些基本理论运用于企业决策，包括需求分析、产量与价格决策、定价决策、投资决策、内部组织设计、业绩评估与激励机制设计等。为了将基本的微观经济理论运用于企业决策，管理经济学还涉及决策方法和工具，包括优化方法、统计方法以及预测方法，企业的科学决策和目标优化只有借助于这些具体的方法和具体的工具才能实现。

(3) 财务会计

财务会计是运用专门方法记录企业过去的交易、事项与情况，并以财务报表的形式将企业的财务状况、经营成果和现金流量等信息传递给企业外部使用者的信息系统。本课程要求学生在了解会计的基本理论、基本方法和基本技能的基础上，重点掌握会计核算的方法和程序、借贷记账法和账户的运用以及会计循环的全过程和会计报表所提供的信息；并通过对会计报表及相关资料进行理解、分析和运用，从会计的角度加强企业的资产管理与控制会计信息，以进行有效的决策。

(4) 生产与运营管理

随着市场经济的发展，企业之间竞争日益激烈，如何有效地组织生产资源，以最快的速度(Time)、最低的成本(Cost)、最好的品质(Quality)、最优的服务(Service)生产出符合用户需要的产品，是现代生产运作管理的核心战略。生产与运作管理课程旨在使学生能够掌握现代运作管理的基本理论与方法，并能将其运用于实际工作，解决运作过程的实际问题。

本课程覆盖企业生产与运作(制造业和服务业)的三个方面的内容：运作系统的设计、运作系统的运行、运作系统的维护和改进。

(5) 公司财务

公司财务包括投资决策、筹资决策、股利决策和营运资本决策等内容，是关于资产配置、融资和资产管理决策的一门学科。现代财务理论是建立在公司价值最大化的目标基础上的，重点探讨在有限责任公司特别是股份有限公司这种现代企业制度的主要形式下，如何对公司经营过程中的资金活动进行预测决策和分析。本课程通过对财务基本知识的介绍，将有利于学员为在实际工作中适应变化做好充分准备。

(6) 营销管理

本课程在较深层次上介绍市场营销学及其在商业实践中的作用，主要包括以下的重要内容：①市场分析与市场选择：引导你掌握营销管理的要义，分析市场环境，以及学习市场分析的技巧和方法，从而对市场及顾客价值做出明智的选择。②营销策略及顾客价值管理：有系统地引领你制定营销管理目标，创造顾客价值，以及有效地将顾客价值、理念和方法传递给目标对象，以便能建立长远的顾客交易关系。③营销策划及案例分析：有系统地引领你从企业整体需要及顾客价值出发，通过营销策划、组织、控制、改革和建立市场导向企业文化的理念和方法，分析个案，以培养MBA学生在策划、应变和解决市场问题上的能力。

(7) 组织行为学

组织行为学是一个研究领域，它探讨个体、群体以及结构对组织内部行为的影响，以便管理者应用这些知识来改善组织的有效性，其强调的是与工作岗位、缺勤、员工流动、生产率、绩效和管理有关的行为，其核心内容包括激励、领导行为和权威、人际沟通、群体结构与过程、学习、态度形成与知觉、变革过程、冲突、工作设计、工作压力等。

美国麻省理工学院斯隆管理学院教授——Scott Stern在给清华与麻省理工联合培养的全球项目MBA学生上企业战略课程

(8) 战略管理

本课程旨在帮助学生理解战略管理的思想、内容和发展，在对企业环境变化进行科学分析和预测的基础上，为企业未来的生存和发展制定切实可行的战略，并将其付诸实施和进行控制。其主要包括战略管理的理念和实质、环境分析、战略计划、战略实施和战略控制几大部分内容，注重理论和案例结合展开分析。

(9) 管理沟通

管理沟通是许多著名中外商学院MBA培养核心课程之一，也是企业家和管理者培训的重要组成部分。此课程的目的在于通过模拟各种不同情景来培养学生的口头及书面的沟通技巧，重点突出理论学习与商务实践相结合，以塑造新时代优秀的管理者。该课程涉及的有效沟通基本原理及实践，涵盖了个人与组织的层面。

(10) 商务英语

MBA商务英语的教学目的是培养学生在商务、工商管理、经济等领域综合运用英语的能力。通过该课程的学习，学生能顺利地阅读本专业英语资料，能借助词典阅读外国报刊杂志，以获取信息，了解和熟悉当代的经济管理和科技发展的最新动态；能用英语进行一般的商务活动，如商务谈判、商务书信往来等。

(11) 企业社会责任与伦理

MBA课程不仅传授管理相关知识，而且对培养MBA的企业家伦理和道德品质也非常关注。根据MBA的培养理念，MBA毕业生不仅需要具备系统的管理相关知识，更重要的在于具有较高的职业道德素质和社会责任感，这样的人才才是真正的优秀企业管理人才。该门课程主要通过相关企业责任案例来培养MBA学生的社会责任感，使MBA学生具有更高的企业家道德风尚。

(12) 宏观经济与政策

该课程从宏观的角度来分析各类经济问题，如货币政策、财政政策、国际收支平衡、就业、利率水平和国民收入产出等，侧重培养MBA学生从宏观角度审视本国和全球经济的发展态势，并结合相关宏观经济模型(如IS-LM模型、AS-AD模型等)对宏观经济基本问题进行有效分析和判断，使MBA学生具备宏观经济基本面的分析能力，为各项企业重大管理决策(如投融资管理、区域发展策略和国际竞争战略)等提供决策依据。

清华经管学院教授、著名经济学家李稻葵在给清华MBA学生上经济学课程

(13) 管理思维

该课程通过引导和启发MBA学生的思维多样化，引导大家不管是在考虑企业中的管理问题、制定决策还是在进行认知判断的时候，都应该从不同角度进行思索与琢磨，进行批判与创新，进而形成系统性的管理思维。

3. 清华北大MBA第三学期课程体系——选修课程或海外交换

对于清华北大MBA学生而言，在第三学期有两种学习方式可供选择：一是根据自己的未来职业发展方向和个人兴趣选择相应的选修课程，二是选择赴海外知名商学院进行交换学习。

关于清华北大MBA的海外交换学习生活，我们将在后面的内容中具体介绍。下面我们主要介绍下清华北大MBA的选修课程。除了第一学年的MBA核心(必修)课程外，还有非常丰富的选修课程可供选择。MBA学生通过选修课程的系统学习，可以就特定研究方向构建更为深入的知识体系，为未来特定领域的职业发展奠定坚实基础。

具体来说，清华北大MBA的选修课程有以下研究方向可供选择。

(1) 市场营销方向，包括消费行为学、网络营销、营销研究、销售管理、广告管理学、战略品牌管理等选修课程。

(2) 创新与创业方向，包括项目投融资决策、创业管理、创业投资管理、项目管理、新产品开发、技术战略、技术创新管理等选修课程。

(3) 金融与财务方向，包括公司财务案例、投资银行业务、金融工程、金融市场、兼并收购与企业重组、私募股权投资(PE)与公司融资、国际金融、投资学等选修课程。

(4) 财务分析与管理控制方向，包括财务报表分析、税务筹划、战略成本控制、内部控制与管理审计、会计与资本市场案例研究等选修课程。

(5) 电子商务与供应链管理方向，包括企业资源规划(ERP)、信息系统、商务智能、管理决策统计方法、电子商务和数字市场等选修课程。

(6) 企业战略与领导力方向，包括领导学、公司组织与治理、国际企业管理、企业战略创新、战略管理实务等选修课程。

(7) 人力资源与组织行为方向，包括人力资源管理与开发、战略人力资源管理、组织架构与组织控制、跨文化管理、企业文化管理等选修课程。

4. 清华北大MBA第四学期课程体系——综合案例分析报告和毕业

根据清华北大MBA的培养体系，在最后一学期中，MBA学生应当深入企业，研究具体的管理问题，以综合案例分析报告的形式完成毕业论文。清华北大MBA学生完成上述培养计划的各个环节，修满学分并通过论文答辩，即成为一名合格的清华北大MBA毕业生，由学校颁发研究生学历证书和MBA学位证书。此外，清华MBA全球项目毕业生还将获得由全球著名大学——麻省理工学院斯隆管理学院颁发的课程学习证书。

> 清华北大的MBA项目采取了国际商学院主流的案例教学方式。

清华北大MBA的案例教学

目前,以哈佛商学院、宾夕法尼亚大学沃顿商学院、斯坦福大学商学院和麻省理工学院斯隆管理学院为代表的国际一流大学MBA项目均采用了案例教学方式,而作为我国最具实力的两所院校——清华北大的MBA项目,也采取了国际商学院主流的案例教学方式。在MBA课程学习中,采取案例教学具有以下优势。

1. 鼓励MBA学生独立思考

传统的教学只告诉MBA学生怎么去做,而且其内容在实践中可能不实用,且非常乏味无趣,在一定程度上损害了MBA学生的积极性和学习效果。但在案例教学中没人会告诉你应该怎么办,而是要自己去思考、去创造,使得枯燥乏味变得生动活泼。而且案例教学的稍后阶段,每位MBA学生都要就自己和他人的方案发表见解。通过这种经验的交流,一是可取长补短、促进人际交流能力的提高,二也是起到一种激励的效果。一两次技不如人

还情有可原，长期落后者，必有奋发向上、超越他人的内动力，从而积极进取、刻苦学习。

2. 引导MBA学生变注重知识为注重能力

现在的管理者都知道知识不等于能力，知识应该转化为能力。管理的本身是重实践重效益的，MBA学生一味地通过学习书本的死知识而忽视实际能力的培养，不仅对自身的发展有着巨大的障碍。其所在的企业也不会直接受益。案例教学正是为此而生，为此而发展的。

3. 重视双向交流

传统的教学方法是老师讲、MBA学生听，听没听、听懂多少，要到最后的测试时才知道，而且学到的都是死知识。在案例教学中，MBA学生拿到案例后，先要进行消化，然后查阅各种他认为必要的理论知识．这无形中加深了对知识的理解，而且是主动进行的。捕捉这些理论知识后，他还要经过缜密的思考，提出解决问题的方案，这一步应视为能力上的升华。同时他的答案随时由教师给以引导，这也促使教师加深思考，根据不同MBA学生的不同理解补充新的教学内容。双向的教学形式对教师也提出了更高的要求。

在清华北大MBA课堂上，每个案例是通过教授和全班同学对话的讨论形式来完成的，整个清华北大MBA学习生涯中大约要用800个案例。学生们必须在课前认真阅读和分析每个案例，在课堂讨论时说出自己对案例的分析和看法。MBA课堂讨论的进程由教授掌握，尽量使全班同学的想法达成某种程度上的一致，或者至少得出案例本身能阐明的几个结论。

大部分MBA课程是由清华北大MBA任课教授随便叫起一名同学进行开场发言而开始的，这位同学要花5~10分钟来总结案例中的几个要点，为理解案例提供一个分析框架，还要为解决案例所描述的问题提出行动方案。

接下来，他可能不得不对其他同学对他发言的指责进行反驳，他发言得分的情况在很大程度上取决于其他同学的反应。不管发言内容如何，只要发言就能得到课堂参与分，而课堂参与分在每门功课的最后得分中所占比例有时甚至高达50%。因此，每个清华北大MBA学生都竭力争取尽可能多的课堂参与机会，课堂讨论常常是唇枪舌剑，火药味十足。但有一条原则，就是一个观点如果别人先说了，你就不能再说同样的观点，否则等于浪费时间，不尊重别人。

学习小组在清华北大MBA也是一个很重要的传统，一个好的学习小组是整个学习生涯中能够取得成功的关键。学习小组的成员通常是在深夜或者早晨上课前的时间聚在一起进行讨论。在这种讨论中大家互相启发，确保案例中的要点不被遗漏，并且他们可以在一个比较宽松随便的环境中发表自己的见解。因此，很多人说学习小组是清华北大MBA学生社交过程的一个不可或缺的部分，如果不参加一个学习小组，那么就意味着你的清华北大MBA学习之旅会有不可弥补的遗憾。

此外，在清华北大MBA课堂上，另一种比较常见的案例教学方式是由课程教授布置案例，MBA学生组成5~7人的小组进行案例分析，并将小组案例分析的结果(包括管理分析、统计分析、财务分析和案例建议等)总结成PPT，在课堂上各组逐一向MBA全班同学进行展示，并接受教授、同学的提问。

"小组案例分析，课堂案例演示"这一案例教学方式在清华北大MBA各门课程比较常见，该方式既通过学习小组集思广益，汇聚来自不同职能背景(如财务背景、金融背景、人力资源背景和项目管理背景等)的MBA学生的集体智慧，同时也有利于对MBA案例进行更深入、全面的分析，使MBA学生通过对案例的深入剖析获得更为全面的收获，培养自身的管理分析能力。

> 为了完成各门MBA课程教授布置的案例和作业，清华北大MBA学生一般每天都要上4~8小时的课，准备2~3个30页左右的案例分析，读100多页的辅助材料和MBA教材。

紧张而充实的清华北大MBA学习生活

清华北大MBA项目是我国顶尖的MBA项目，在培养体系、师资水平、校园文化、品牌影响力和社会认可度等方面都具有明显的优势。在清华北大攻读MBA需要投入到紧张的学习生活中，同时丰富多彩的清华北大校园生活也给两校的MBA学生带来的很多乐趣和喜悦，充实的清华北大MBA学习生活也使两校MBA学生在学业生涯中收获良多，使其获得系统的管理知识培养和企业管理能力的提升，为未来在企业管理领域的职业发展奠定坚实的基础。

在攻读清华北大MBA各门课程时，需要首先认真研读课程教授所布置的案例，然后需要跟学习小组完成案例的讨论和课程展示PPT内容。在清华北大MBA课堂上，MBA学生需要基于自己之前对案例的准备积极发表自己的观点，为课程的深入讨论贡献自己的力量。

为了完成各门MBA课程教授布置的案例和作业，清华北大MBA学生一般每天都要上4~8小时的课，准备2~3个30页左右的案例分析，读100多页的辅助材料和MBA教材。为了完成

MBA的学业，很多MBA学生要熬夜到凌晨两三点才能看完。然后睡上四五个小时，早上8点就开始上课了。

虽说清华北大MBA的成绩是不能外泄的，即使你在面试工作时被问到也可以拒绝回答，但是尽管大家往往都是以前学校里的"尖子生"，开学后的前一个半月还是很紧张，大家都对成绩很在意，希望能够冲刺到前10%，获得学员的荣誉称号和奖学金。可惜，商学院传统是给你绝对没法从容应付的工作量，以模拟CEO和其他领导人可能遇到的糟糕情况。所以在金融课的第一周，就会讲完大学一学期的会计内容，随后，立刻进入后面的课程内容。除非你是金融专业或是以前在投行，对私募和资产管理等领域都有涉猎，否则很可能这堂课你学过，下一堂就完全不知道老师在讲什么了。很多人在课外往往还需要补习，不然就没法跟上进度。

这只是学业，商学院最出名的就是繁多的社交活动，因为读MBA的一个重要原因就是建立人脉。清华北大的MBA学生群体汇聚了来自各个行业的精英人士，他们在各自所在的行业有着深厚的管理经验和见解。除了繁忙的学业，对于清华北大MBA而言，参与MBA群体的各类社交活动有助于结识来自不同行业的MBA校友，为自己的未来职业发展积累宝贵的人脉资源。

除了上课、作业和社交，清华北大MBA另一大特色就是天天有各种各样的企业家和形形色色的"牛人"来开展讲座。每天中午档期总是有三四个讲座同时进行，是去听西门子总裁讲话，还是去听红杉资本创始人海谈，或是新东方的徐小平老师讲天使投资，每个选择都不容易，让人又爱又恨：爱是这种讲座千载难求，恨是恨时间不够多，巴不得可以分成几个人。

好不容易过了期中考试，看着成绩，很多人放弃了冲刺荣誉头衔的希望，大家也多多少少都认识了，不用每个派对都去了。你以为可以松一口气时，公司和社团这两只洪水猛兽又来了。突然之间，学校的邮箱充满了上百封介绍各个社团活动和公司信息的邮件，你不得不设立不同的文件夹来归档。最早来学校招聘的就是咨询和金融行业(包括投行和资产管理)的公司,以及少数科技公司了。除了投行等金融企业外,高科技企业也很受清华北大MBA欢迎,所以在

公司介绍会上常常出现的一幕是谷歌和思科的摊位前人满为患,咨询和资产管理的摊位前也不冷清,但其他行业的摊位就门可罗雀了。听一个同学说,她本来是想和思科的工作人员说话,结果被一个投行代表硬拉到一边进行介绍,她看那代表摊位一直没人光临,同情心一起,就听他讲了大半个小时。这样的情形,估计在其他MBA院校就不可能发生了。问题是如果你想进入任何公司实习,都得要做很多准备工作。拿咨询业来说,至少要和同学中做过咨询的人了解情况,和公司代表聊天,做不少于40场的模拟面试,参加所有公司的活动,才会有比较好的机会。所以,虽说很多人周三周五都没有课,但日常行程反而更忙了,有时从早上8点一直排到晚上11点才结束,然后回家看书处理其他事务,周末也差不多。很多人每天只睡三四个小时,这强度,与投行比起来也差不了多少了。

这时候,很多人就开始惦记起工作时的优势,毕竟上班的时候,活做完了,时间就是自己的了。在商学院,很多时候,时间永远不是自己的,永远都有其他安排,而且,需要提前一两周才能确保你能排上别人的日程表。失去的永远是最好的,也算是在商学院学到的重要一课吧。

> 对于攻读清华北大MBA的学生而言，在就读期间赴海外商学院进行学习是一项非常宝贵的机会和资源。

丰富的海外名校交换和双学位资源

作为我国顶尖的商学院MBA项目，清华北大MBA具有丰富的海外交换资源和双学位机会。对于攻读清华北大MBA的学生而言，在就读期间赴海外商学院进行学习是一项非常宝贵的机会和资源。尤其值得一提的

是，凭借清华北大在国际上的声誉和学术地位，其与很多国际知名大学具有交换关系和合作项目。

清华北大MBA海外资源有以下三种形式。

1. 海外名校双学位项目

通过就读该类双学位项目，清华北大MBA可以在毕业后同时获得由清华北大和海外知名大学颁发的学位证书。目前，清华北大MBA与麻省理工学院斯隆管理学院、华盛顿大学商学院、得克萨斯大学奥斯汀分校商学院等国际知名大学商学院均有双学位合作机会(见表5-1、表5-2)。由表中所列的清华北大MBA双学位合作院校，我们可以看到，这些院校通常都是海外顶级名校商学院，一般具有较为雄厚的师资力量，同时在国际上一般具有

较高的知名度和认可度。

表5-1 清华MBA双学位项目

双学位院校	国家
麻省理工学院斯隆管理学院	美国
巴黎高等商学院(HEC)	法国

表5-2 北大MBA双学位项目

双学位院校	国家
麻省理工学院斯隆管理学院	美国
华盛顿大学商学院	美国
德州大学奥斯汀分校	美国
约克大学	加拿大
ESSEC商学院	法国
WHU商学院	德国
新加坡国立大学商学院	新加坡
首尔国际大学商学院	韩国
延世大学商学院	韩国
一桥大学商学院	日本

根据清华北大MBA的双学位学习安排，一般是在考取清华北大MBA并就读的第一学年中申请海外的双学位项目。关于学费，对于成功获得海外双学位项目的清华北大MBA学生而言，只需要交纳清华北大第一年的学费即可，第二年无需交纳清华北大MBA学费，而只需要交纳海外双学位为期一年的相应学费。

对于攻读海外名校双学位的清华北大MBA学生而言，其第一学年需要在清华北大完成MBA核心(必修)课程的学习，第二学年则几乎全部时间都要在海外名校度过，毕业后同时获得清华北大颁发的MBA学位证书、学历证书和海外名校商学院颁发的学位证书。由于这些海外商学院都是国际知名商学院，从而对于获得双学位的清华北大MBA毕业生而言，其学位的含金量将明显提高。尤其是对有志于在国际企业和海外发展的清华北大MBA毕业生而言，攻读海外名校的双学位项目，将非常有助于其获得世界500强企业等大型知名国际企业的青睐，并获得较为理想的职位和待遇，是一个非常不错的选择。

清华北大MBA的双学位项目一般要求申请人为清华北大MBA已录取学生，且在申请双学位项目时应当预先准备好英语语言成绩(如托福、雅思等成绩)和GMAT(经企管理研究生入学考试)成绩，并通过海外双学位院校组织的申请材料评审和面试。

对于申请海外院校双学位项目的清华北大MBA而言，其与直接申请读海外商学院相比，通过清华北大的海外合作院校平台申请海外商学院的录取机会明显增加，时间和费用成本上也大大降低。换言之，通过清华北

大MBA的双学位平台，学生可以较为容易地就读国际知名大学商学院MBA并获得相应的海外名校的MBA学位，同时在学习费用上也相对较为低廉，只需要承担为期一年的海外商学院的学费。此外，就读海外商学院双学位也不影响清华北大MBA学位和学历证书的取得。

2. 海外名校交换项目

除了上述海外名校的双学位项目，清华北大MBA在读学生还可以选择历时3～5个月的交换项目，不仅可以在久负盛名的海外商学院免学费学习一学期(通常为学制第二年的第一学期)，近距离聆听大师智慧，深入体验当地校园文化，还有机会拥有遍布全球的精英校友网络。参加交换项目的学生免交学费，只需承担旅途、生活等其他费用。清华北大MBA项目与上百所世界知名大学或商学院签署了学生交换协议(见表5-3和表5-4)，这些大学

或学院分布在北美洲、欧洲、亚洲以及大洋洲，其中大多数为世界顶尖商学院，每年为学生提供充裕的交换学习名额。

表5-3 清华MBA海外名校交换项目(北美部分)

海外交换院校	国家
百森学院	美国
哥伦比亚商学院	美国
康奈尔大学管理学院	美国
杜克大学商学院	美国
埃默理大学	美国
伊利诺伊州西北大学管理学院	美国
得克萨斯农机大学商学院	美国
纽约大学商学院	美国
佩珀代因大学	美国
里士满大学商学院	美国
雷鸟全球管理学院	美国
加州大学戴维斯分校	美国
加州大学洛杉矶分校商学院	美国
伊利诺伊大学香槟分校	美国
北卡罗来纳大学克南-弗拉格勒学院	美国
卡尔加里大学	加拿大
金斯顿女王大学商学院	加拿大
西蒙弗雷泽大学比迪商学院	加拿大
多伦多大学Rotman管理学院	加拿大
英属哥伦比亚大学尚德商学院	加拿大
麦吉尔大学管理学院	加拿大

表5-4 北大MBA海外名校交换项目(北美部分)

海外交换院校	国家
康奈尔大学管理学院	美国
杜克大学商学院	美国
西北大学管理学院	美国
芝加哥大学商学院	美国
宾夕法尼亚大学沃顿商学院	美国
麦吉尔大学管理学院	加拿大
皇后大学商学院	加拿大

在清华北大MBA的多种海外学习方式中,选择海外名校交换项目的人数是最多的,这主要是因为:首先,选择海外名校交换项目通常只需要在攻读MBA的第二学年的第一学期赴海外名校交换学习,时间相对较短;其次,与申请海外名校双学位项目需要提供GMAT成绩和完成较为严格的申请程序相比,申请海外交换项目一般申请程序较为简单,通常只需要提供托福成绩即可,也不需要参加海外商学院组织的面试;第三,海外交换项目不需要支付海外名校的学费,只需要支付清华北大MBA的学费即可,经济负担相对较小。

3. 短期海外交流

除了上述两类海外学习方式,清华北大MBA还可以选择短期海外交流的方式。短期海外交流特别适合因工作繁忙无法参加双学位或者交换项目的MBA同学,尤其是清华北大MBA在职班的同学。目前,短期海外交流项目有北美、欧洲和亚洲地区的多个项目可供选择。学生利用寒暑假时间,在海外接受为期1～2周的学习拓展。其内容精彩、形式多样,不仅涵盖经济、政治、管理等领域的主题讲座,还穿插公司考察和文化活动,丰富了学生们的海外体验。

以清华MBA为例,每年参加人数最多的两个短期海外交流项目为以下两个项目:

(1) 清华-斯坦福交换项目

清华-斯坦福交换项目(STEP)建立了两校学生之间友谊与文化交流的

平台。每年清华经管学院和斯坦福大学各派同学在对方的学校和国家访问7天。交流活动主要包括：学术交流、企业参观与访问及社会文化体验。到2010年，双方各派出共计约100对学生参与STEP活动，研究课题超过50个。

该项目由Special Session和Buddy Presentation演示环节构成。课程环节促进双方的学习和思想碰撞，给所有参加的同学一个近距离互相了解、相互合作的机会。

(2) 清华-MIT中国实验室项目

清华大学经管学院和美国麻省理工学院斯隆商学院等4所世界级商学院合作创办了精英荟萃的中国实验室项目(China Lab)。中国实验室科学地结合了传统课堂式商科教育以及先进的市场实践学习模式。各个中国实验室团队将在三个月的时间内对合作企业的某一项目提供专业咨询服务。合作参与的公司将提供研究项目的课题，之后与团队共同制定项目的纵深、时间表以及报告方式，从而帮助合作单位了解并解决所关注的问题。

麻省理工学院斯隆MBA学生及清华-MIT全球MBA项目学生组成实验团队，通过走访企业完成研究项目，并向公司提供研究报告。该项目能够参与的咨询课题广泛，深受业界欢迎。参加中国实验项目的清华-MIT全球MBA项目学生每年还将前往MIT斯隆管理学院，进行为期一周的互访交流活动。

> 为了在MBA毕业后顺利实现行业转型，顺利进入目标行业的知名企业，除了知识领域的储备外，一定的相关行业实际工作经验往往也是必不可少的，而MBA暑期实习为获得上述行业实际工作经验提供了宝贵的机会。

清华北大MBA的暑期实习生活

对于攻读清华北大MBA脱产项目(包括清华全球项目、北大全日制项目和北大国际项目)的MBA学生而言，在完成第一学年的学习后，即迎来暑期实习生活。

不为外界所知的是，对于清华北大等名校MBA而言，暑期实习对其未来职业发展往往具有重要意义，被多数名校MBA所高度关注。这是因为，很多MBA学生攻读清华北大等名校MBA的重要目标就是实现行业转型，例如每年大批清华北大MBA毕业生成功转型进入金融业和咨询业。实现行业转型，是攻读清华北大MBA的重要价值之一。

这里需要着重指出的是，对于准备通过攻读清华北大MBA实现行业转型的考生而言，清华北大MBA项目对管理、金融、财务、营销、运营和人力资源等领域知识和能力的系统培养，无疑为行业转型提供了较为系统的知识储备，这些MBA课程所传授的知识显然也对进入金融、咨询等领域提供了系统的知识基础。但是，为了在MBA毕业后顺利实现行业转型，顺利进入目标行业的知名企业，除了上述知识领域的储备外，一定的相关行业实际工作经验往往也是必不可少的，而MBA暑期实习为获得上述行业实际工作经验提供了宝贵的机会。

由于清华北大的MBA项目在企业界具有较高的知名度和认可度，每年在攻读MBA的第二学期，会有大批知名企业进入清华北大校园进行实习生的招聘。对于企业而言，通过招聘清华北大MBA实习生，一方面可以使清华北大MBA对本企业的企业文化、职业发展机会有更为直观、全面的了解机会；另一方面，可以在正式开展校园招聘之前，提前锁定符合企业人力资源需求的优秀清华北大MBA学生。对于清华北大的MBA学生而言，通过暑期实习，可以进入知名企业参加实习，获得宝贵的实际工作经验；同时，通过对企业具体工作的深入参与，可以确定该行业或企业是否真正适合自己以及是否符合自己的职业发展目标。

举例来讲，每年清华北大有大批MBA学生准备毕业后进入投行业，对于这部分MBA学生而言，进入清华北大校园进行暑期实习生招聘的摩根斯坦利、高盛、瑞银、中金等国内外知名投行往往成为这部分MBA学生的首选目标。对于毕业后准备从事咨询行业的清华北大MBA学生而言，在清华北大进行暑期招聘的麦肯锡、罗兰贝格、北大纵横等咨询公司会受到这些MBA学生的青睐。

值得注意的是，近年来，招聘清华北大MBA的主要雇主企业越来越重视暑期实习生的招聘。这具体体现为，很多知名企业对暑期实习生的招聘制定了非常严格的录用流程，企业不仅将所录取的暑期实习生视为企业的临时工作人员，同时将这些经过严格选拔的优秀MBA在校生作为企业未来的潜在正式雇员的培养对象，为这些实习生提供了科学的培训体系和培养机制。

例如，我国著名央企——中粮集团从2012年起开创了"优粮生"

实习生招聘模式,即在暑期招聘实习生阶段所录取的清华北大MBA在校生,在顺利完成暑期实习后,即可转为这家大型央企的正式员工。

为了确保录取的"优粮生"(即中粮集团的暑期实习生)的个人素质和能力符合企业的要求,在实习生的选拔阶段,中粮集团设置了较为严格的选拔体系,实习生需要先后参加中粮集团组织的以下三个层次的选拔:(1)笔试(包括综合能力测试和申论);(2)集团面试(小组面试);(3)申请职位所在部门面试(个人面试和笔试)。申请中粮集团"优粮生"计划的清华北大MBA需要经历上述三个阶段的层层选拔,才能最终被中粮集团录取为"优粮生"。

在被中粮集团录取为"优粮生"后,清华北大MBA学生将在中粮集团的培训中心——忠良书院参加为期一周的培训。培训涉及企业文化、企业参观、管理架构、团队合作和优秀员工分享等方面,使"优粮生"对中粮集团的基本情况有较为全面的了解,为后面的实习工作打好基础。

在完成企业培训后,"优粮生"将奔赴各自在中粮集团的工作岗位进行实习。为了确保"优粮生"在实习期间获得充实的管理经验,中粮集团还为每位"优粮生"配备了一位由集团资深中层管理者所担任的导师。

在完成为期两个月的暑期实习后,大部分"优粮生"基于对中粮集团企业文化和薪酬待遇等方面的认可,最终选择成为中粮集团的正式员工。

由中粮集团的"优粮生"计划,我们可以看到知名企业对清华北大MBA暑期实习生的重视和暑期实习对MBA学生职业发展的价值。

实际上,除了在完成实习后留在实习企业成为正式员工外,在知名企业的实习经历本身也会成为清华北大MBA未来职业发展的重要筹码,有助于其凭借在相关行业或领域的实习经历在毕业时获得较为理想的企业职位。例如,我国投行领域知名企业——中国国际金融公司(以下简称"中金")每年为清华北大MBA提供一定数量的实习岗位,通过在中金的相关岗位的实习,清华北大MBA学生不仅有机会最终成为中金的正式员工,而且在中金的实习经历本身也会使这些MBA获得很多知名投行的认可,便于他们未来进入其他知名投行。

从院校的角度来讲，清华北大MBA中心非常鼓励MBA学生进行暑期实习，并通过院校的职业发展平台(如清华大学经管学院的职业发展中心)为本校MBA学生提供大量的暑期实习企业招聘信息，清华北大MBA学生可以轻松选择自己理想的实习企业招聘职位。

对于清华北大MBA学生而言，虽然在暑期赴名企实习意味着放弃暑假旅游或休息的机会，但对于绝大多数清华北大MBA而言，暑期实习可以获得关键性的行业经验和企业管理实际经验，这些都是在MBA课堂上无法获得的，是未来职业发展的一笔宝贵财富，因而绝大多数清华北大MBA(尤其是脱产方式攻读MBA的学生)会选择暑期实习。

> 清华北大一方面给MBA学生配备了负责指导毕业论文的导师,另一方面,还给MBA学生配备了负责职业发展指导的校友导师。

清华北大MBA的"双导师"培养机制

"双导师"是清华北大MBA一项非常有特色的培养机制。我们知道,工商管理硕士的主要培养方向是培养企业中高级管理人士和管理精英,这与传统的学术型硕士侧重培养学术研究能力有着明显不同。相应地,为了深入培养MBA学生的企业管理能力,同时为了给清华北大MBA学生提供更多职业发展的指导和机会,清华北大一方面给MBA学生配备了负责指导毕业论文的导师,另一方面,还给MBA学生配备了负责职业发展指导的校友导师,即清华北大MBA可以享受"双导师"的培养资源。

1. 清华北大MBA的校友导师

一般来讲,在攻读MBA的第二学期,学校将根据"双向选择"的机制为每位清华北大MBA学生配备一名校友导师。清华北大MBA的校友导师均由两校在不同行业领域的具有较为深厚职业背景的优秀毕业生担任,作为MBA导师,这些人士具有以下优势:首先,作为本校的毕业生,这些人士对于母校的发展和新入学师弟师妹较为关注和负责,愿意无私地为母校的

发展和师弟师妹的职业发展提供各类帮助，作出自己的贡献；其次，这些校友导师均经过清华北大的严格筛选，在特定的行业领域(如投行业、银行业、咨询业和能源业等)具有丰富的职业发展经验和人脉网络；第三，清华北大MBA的校友导师通常为本校的往届资深MBA或EMBA，对MBA的职业发展需求和自身特点有较为全面的了解，便于有的放矢地对在校MBA进行指导。

从清华北大MBA学生的角度来讲，通过校友导师的指导，将获得以下优势和资源。

首先，攻读清华北大MBA最重要的目标和收获是获得较为理想的职位并获得更好的职业发展机会。对于清华北大MBA学生而言，要想毕业后获得理想的职位和职业发挥机会，需要对毕业后的目标行业和目标企业有较为全面的了解，进而制订科学、合理的学习和求职计划。校友导师在各自的行业领域有着深厚的职业背景，对于职业发展路径和行业发展情况有非常全面的了解，可以给MBA学生提供非常中肯的职业发展建议和具体实施方案，这方面的建议往往会在清华北大MBA学生毕业后的职业发展中起到极为关键的作用。

其次，清华北大MBA的校友导师通常在行业内具有广泛的人脉资源，与校友导师的深入接触可以通过校友导师的人脉资源，获得更为广泛的名企职位信息。同时，通过行业资深校友导师的指点和推荐，往往可以更为容易地获得名企的面试机会和录取机会。

例如，一位准备毕业后进入投行业发展的清华MBA学生选择了在瑞士银行担任投行部门执行总裁(ED)职务的资深清华MBA校友担任校友导师。通过与校友导师的日常交流和请教，该位清华MBA与导师建立了深厚的师生情谊。这位导师结合自己的亲身经历，为这位清华MBA规划了进入投行业发展的路径和在该行业的主要发展机会，同时对投行业的自身素质要求和相关职位情况做了深入介绍。结合导师的指导，这位MBA制订了未来在清华攻读MBA期间的详尽学习和发展规划：第一，在攻读清华MBA期间参加注册金融分析师(CFA)考试，获得该领域最具含金量的专业资质认证，既为自己构建了系统的金融领域专业知识体系，也便于获得投行雇主的认可；第二，通过选修清华MBA的金融与财务方向选修课，进一步夯实自己的金融领域知识和行业分析能力；第三，在清华MBA暑期实习阶段，进入中金、瑞银等知名投行参与实习，积累自己的行业实践经验；第四，深入研究主板和中小板的上市规则，熟悉资本市场的运作模式，为未来从事投行业务打下基础；第五，强化自己的英语口语能力，为参加知名国际投行的面试和未来的国际资本市场运作做好准备。在暑期实习期间，在校友导师的推荐下，该位同学顺利获得了一家知名国际投行的宝贵暑期实习机会，经过上述全方面的准备后，他在毕业前经过层层选拔，最终成功正式进入投行，实现了职业发展的转型和腾飞。这位MBA的职业发展显然在很大程度上得益于校友导师诸多帮助与教诲。

2. 清华北大MBA的论文导师

清华大学和北京大学的MBA项目汇聚了我国工商管理领域的顶级师资，包括厉以宁、李稻葵、张维迎、陈章武、姚长辉、杨斌、夏冬林等一大批大师。对于广大清华北大MBA学生而言，除了通过MBA课程来聆听这些知名教授的教诲，还可以通过跟随导师做毕业论文的机会来获得清华北大MBA教授的更为深入的指导和教诲。

与校友导师不同，清华北大MBA的论文导师通常由本校的教授或副教授担任。具体而言，清华北大MBA可以根据自己的职业发展方向、知识体系拓展目标和兴趣选择自己的毕业论文课题研究方向，如财务金融、组织管理、企业战略、市场营销和创业等方向。相应地，确定了论文课题研究方向后，MBA学生就可以相应选择本校的相关学术领域的教授(副教授)作为自己的论文导师。根据清华北大MBA项目的课程安排，两校的MBA学生一般在第三学期进行毕业论文课题研究方向和论文导师的确认。

实际上，由于MBA的培养注重企业管理实践能力的提升，清华北大MBA的毕业论文有两种具体方式可供选择：一是实践整合项目报告的方式，二是传统的论文研究报告的形式。其中，所谓实践整合项目报告形式，就是通过进驻企业全面收集企业经营信息和相关数据，结合在攻读MBA期间所学到的相关管理知识，对企业特定管理问题进行深入的研究和分析并出具系统的项目报告，进而对企业的经营模式、企业管理架构或市场拓展等方面提出相应的解决方案和发展建议，真正做到将攻读MBA期间学到的理论知识"学以致用"。论文研究报告的形式则与传统的研究生论文基本一致，即针对特定课题，结合相关学术资料，进行深入研究并撰写符合研究生毕业论文格式要求的毕业论文。

通过在论文导师的指导下完成毕业论文，清华北大MBA将主要获得以下收获：一是可以对特定领域的深入研究，初步成为毕业论文课题领域的专家；二是使攻读MBA期间获得的专业知识不同程度地与企业管理实践相融合；三是通过与论文导师的接触，获得清华北大校园内教授的深入指导，有更多的机会倾听这些经管学界名师泰斗的教诲。

中 篇

申请清华北大 MBA

第四章
清华北大MBA申请流程

> 参加提前面试是考取清华北大MBA的必经途径和阶段,也是成功申请清华北大MBA的核心环节。

清华北大MBA提前面试

清华北大MBA项目从2010年起即进行了MBA招生的提前面试改革。何为"提前面试"?这还要从MBA招生的传统方式说起,在清华北大在全国率先推出MBA提前面试以前,包括清华北大在内的国家重大MBA招生院校均遵循"先笔试,后面试"的传统招生模式,即MBA考生需要先参加1月举行的全国联考笔试,然后再由MBA招生院校根据联考笔试成绩的排名确定面试名单,并在3月左右进行面试,MBA招生院校在由笔试成绩决定的面试资格申请人中确定最终录取名单。

我们知道,工商管理硕士(MBA)的培养对象和培养方向是培养具有较高管理实践能力的企业中高层管理人员。换言之,MBA的培养侧重点在企业实际管理能力,而非学术知识和科研能力,因而上述"先笔试,后面试"的传统招生模式显然会导致很多具有较强企业管理能力发展潜质的考生被淘汰,而对于学习能力很强的考生则比较有利。显然,上述招生模式不利于MBA培养方向的充分实现,存在一定的局限性。

为了使招生院校能够招收到符合MBA培养方向的学生，清华北大这两所国内最顶尖院校的MBA院校于2010年率先进行了"提前面试"改革，即一改传统的"先笔试，后面试"的MBA传统招生模式，改为"先面试，后笔试"的MBA申请程序。具体来讲，根据提前面试招生流程，申请清华北大MBA的申请人需要在参加1月笔试前参加由院校组织的提前面试，提前面试一般在1月联考笔试前一年的6月左右开始①。申请人在院校组织的提前面试中获得通过(即获得院校的"条件录取"资格)后，参加转年1月举行的全国联考笔试②，只要通过国家分数线即可。

对于广大准备申请清华北大MBA的申请人而言，两校的MBA提前面试招生改革主要带来了以下两方面的好处。

首先，提前面试改革之前，必须考取较高的国家联考分数，才能获得清华北大MBA的面试资格，但提前面试改革后，则只需通过院校组织的提前面试，再在转年的联考笔试中通过比较低的国家基本分数线便可以顺利考取。这样就避免在笔试复习准备中花费大量时间、精力，同时自身的各项职业优势(如管理经验、管理能力、职位背景和企业背景中)在清华北大MBA申请中获得更大程度发挥，避免因为笔试成绩不理想而无法获得院校的面试机会。

其次，在清华北大推出提前面试改革后，意味着MBA申请人可以同时申请多所MBA院校。例如，在进行提前面试改革前，MBA考生只能在笔试报考阶段填报一所MBA招生院校，然后在填报院校参加MBA联考笔试；但是，在推行提前面试改革后，MBA考生可以在笔试前的提前面试阶段同时申请多所院校(如同时申请清华和北大的MBA项目)，这无疑大大提高了MBA的考取几率，同时也在很大程度上避免了因为填报志愿失误导致的院

---

① 清华北大MBA提前面试申请时间表一般会在提前面试开始前在院校MBA项目的官网上公布，具体时间表以院校MBA项目官网公布的时间表为准。

② 关于MBA联考笔试的科目和内容详见后面章节的系统介绍。

校录取不理想的情况。

　　这里还需要指出的是，自2012年开始，清华北大MBA项目已进行了全面提前面试改革，即不再保留正常批面试名额。换言之，对于广大有志于考取清华北大MBA的考生而言，要想最终成功考取这两所我国最为顶尖学府的MBA项目，则必须参加两校组织的提前面试，而不能待一月份笔试结束后再参加面试。也就是说，参加提前面试是考取清华北大MBA的必经途径和阶段，也是成功申请清华北大MBA的核心环节。

> 申请材料对于清华北大这两所国内最顶尖院校MBA的申请至关重要,直接关系到能否获得两校的MBA面试机会。

清华北大MBA的申请流程

在了解清华北大MBA的基本情况下,下一步就要开始考虑清华北大MBA的正式申请了。"不积跬步,无以至千里",要想考取清华北大MBA,我们需要按照院校的申请流程,按部就班地完成申请,在每一步

骤都要认真准备,充分体现出自身的各项优势,争取在竞争激烈的清华北大MBA申请中脱颖而出,顺利考取清华北大这两所我国顶级学府的工商管理硕士(MBA)项目。

清华北大MBA的申请基本流程如下。

第一步,注册清华北大MBA报考服务系统。

申请清华北大MBA,首先需要注册清华北大各自的MBA报考服务系统。需要强调的是,根据清华北大MBA的招生规定,申请材料的提交、申请状态信息的了解和最新招生情况信息等关键信息都是通过清华北大的MBA报考服务系统来完成的,所以这一步骤是开始清华北大MBA的首要步骤和必经步骤。

清华MBA项目(清华在职项目)和清华-MIT全球MBA项目(清华脱产项目)的MBA报考服务系统网址为:

http://mbaadmissions.sem.tsinghua.edu.cn/

清华-北卡MBA项目的MBA报考服务系统网址为：

http://embasys.ie.tsinghua.edu.cn/Reg

北大光华管理学院MBA项目(包括北大光华的在职项目、全日制项目、国际项目和深圳项目)的MBA报考服务系统网址为：

http://crm.gsm.pku.edu.cn/psc/CRMPRD/EMPLOYEE/CRM/s/WEBLIB_MBA_ZS.TZ_MBA_LOGIN.FieldFormula.Iscript_Login

北大汇丰商学院MBA项目(包括北大汇丰的在职项目和全日制项目)的MBA报考服务系统网址为：

http://ss.pkusz.edu.cn/mba

第二步，确定清华北大MBA的申请批次和申请项目。

清华北大各MBA招生项目均有自己的申请批次，包括各批次材料提交截止时间、面试资格名单公布时间、面试时间等，申请两校MBA项目的考生应根据自己材料和面试的准备情况选择相应的批次进行申请。

此外，北大光华管理学院自2013年开始针对其两个脱产MBA项目——全日制项目和国际项目推出"不定期面试"提前面试日程安排，即院校视各时间段的材料提交情况自行确定面试时间，不再在提前面试开始前公布具体的面试申请表。

如前所述，清华北大MBA包括在职项目、全日制项目和国际项目等不同的具体申请项目，根据院校的招生制度，申请人通常需要在申请时确定自己的MBA申请项目，原则上在申请过程和录取过程中不能随意更改。这主要是因为，清华北大开设的上述MBA申请项目具有不同的培养方式、培养理念和培养目标，从而在提前面试阶段相应制订了不同的面试录取标准和面试流程。

对于准备申请清华北大MBA的考生而言，为了提高自己的申请成功率，同时也为了在攻读MBA过程中取得最大的收获，应当结合自身的各项情况选择最为适合的清华北大MBA申请项目，这部分内容我们将在后面的章节中专门加以系统阐述。

第三步，填写和上传申请材料。

在完成院校MBA报考服务系统的注册后，下一步就是网上申请材料的提交申请材料。需要提交的申请材料主要包括申请书、成绩单、个人简历、单位组织结构图和推荐信等[①]。

其中，申请书通常包括申请人的基本信息(包括个人信息、教育信息和职业背景等)，此外最为重要的内容是考生的申请短文(详见后面的专门指导)。一般来讲，对与清华北大MBA申请人而言，除了个人背景信息外，申请过程中最为关键的信息就是申请短文，清华北大等知名院校MBA项目非常关注申请人的申请短文内容，希望通过申请短文的相关内容和描述全面了解申请人的管理潜质和管理者综合素质等，进而对申请人是否攻读本校的MBA项目进行初步评价。

这里尤其需要强调的是，根据清华北大MBA的录取流程，由于清华北大的MBA面试考官资源有限，同时每年报考两校MBA的人数数以千计，从而每年两校只有约20%的MBA申请人可以获得面试机会，而能否获得上述关键性的面试机会，则主要取决于清华北大基于申请材料对申请人所做的初步评价。因此，申请材料对于清华北大这两所国内最顶尖院校MBA的申请至关重要，直接关系到能否获得两校的MBA面试机会，对于申请材料的准备，尤其是申请短文的撰写，清华北大MBA考生务必重视。

成绩单指申请人在本科或研究生阶段的成绩单，需要由毕业院校或档案部门盖章确认，主要用于评价申请人的学习能力。由于清华北大申请人均具有一定年限的工作经验，一些申请人甚至有10年以上的工作经验，所以多年前的在校学习成绩只是作为申请人评估的参考。

个人简历主要为了便于负责材料评估和面试的MBA考官对申请人的教

---

① 需要提交的申请材料视院校和具体申请项目会略有所不同，提交材料清单以各院校MBA招生官方网站公布的最新信息为准，此处仅供参考。

育背景、职业背景等个人履历信息有一个全面的了解。

单位组织结构图主要是便于考官了解申请人在整个组织(申请人所在企业)中的职位层级、汇报关系和组织整体架构等信息，进而对申请人的职位层级、管理职责和企业架构特征等有较为准确的了解。

推荐信应当由申请人委托对自己的管理经历、管理能力和发展潜力有较为全面、深入了解的人士来撰写，如申请人的直接上级、高级领导、同事和客户等。清华北大MBA要求申请人提交推荐信的目的主要在于通过对申请人管理经验和管理能力较为了解的人士的评价，来对申请人的管理者综合能力有更为客观、全面的了解。

第四步，参加清华北大MBA提前面试。

在完成申请材料的提交后，清华北大MBA材料审核考官会基于通过申请材料所做出的对申请人的管理者综合素质的整体评价，选出符合面试要求的部分申请人列入面试名单，亦即上述申请人将获得面试资格。

清华北大MBA面试的通过率一般为40%～50%，各校及不同项目的面试程序和面试考官组成会有所不同，我们将在后面的章节中专门介绍清华北大MBA各项目的面试基本流程和特点。如前所述，在通过面试后，申请人即获得面试院校的条件录取资格，即只要通过一月份联考笔试国家分数线即可被报考院校正式录取。

第五步，在清华北大参加一月份国家联考笔试。

如前所述，完成清华北大MBA申请的最后一个主要步骤是参加每年一月份国家统一组织的联考，考生通过对逻辑、数学、英语和写作等科目的全面准备，笔试成绩达到国家分数线即可被清华北大MBA正式录取，清华北大MBA入学时间通常为笔试当年的8月底。

> 对于准备申请清华北大MBA的考生而言，应当结合自己的各项背景情况和入学的发展规划选择最适合自己申请的清华北大MBA项目，以确保提高的录取把握，同时为未来职业发展奠定坚实基础。

清华北大MBA申请项目的选择

开始申请清华北大MBA时，首先要确定自己的申请项目。由于清华北大MBA各个申请项目的培养目标、培养理念等各不相同，从而各个项目有着不同的招生标准和面试程序。同时，清华北大均明确规定，各个申请项目原则上不允许确定后随意改变或调换。因此，对于准备申请清华北大MBA的考生而言，应当结合自己的各项背景情况和入学的发展规划选择最适合自己申请的清华北大MBA项目，以确保提高的录取把握，同时为未来职业发展奠定坚实基础。

一般来讲，以下人群应当优先考虑选择清华北大MBA的在职(不脱产)项目。

(1) 具有较为深厚的职业背景或管理背景的人士。这是因为，清华北大在职MBA的项目定位上倾向于职业背景比较深厚的考生，而且申请清华北大MBA在职项目的人士多为管理工作年限相对较长的人士，因而这部分人

士申请在职项目会比较有利。

(2) 放弃目前工作的成本较高的人士。如果选择放弃目前的工作，会丧失很多职业晋升或职业积累的机会，抑或暂时放弃工作存在较大的经济压力，则这类人士也可以优先考虑申请清华北大MBA的在职项目。

对于以下特点的人群应当优先考虑选择北大MBA的全日制(脱产)项目。

(1) 管理经验和职位背景相对普通、年龄偏小，但具有较大管理发展潜力的人士。与在职项目不同，北大开设的全日制项目除了关注申请人的管理经验和职位背景外，更关注申请人的管理职位发展潜力和管理者综合素质。因此，对于管理资历尚浅，但具有较好的中高级管理者培养前景的考生而言，通常申请北大的全日制MBA比较适合。

(2) 希望采取脱产方式进入北大校园攻读MBA的人士。与在职方式相比，选择脱产攻读MBA可以便于深度融入MBA的学习生活中，同时有利于全方位接触北大的校园文化，接触更多的清华北大学生群体和校友，也避免了工作对MBA学业的影响。因此，对于那些在两年的时间里希望全身心投入MBA学业的人士而言，选择攻读北大MBA的全日制项目是不错的选择。

对于清华-MIT全球MBA项目、清华-北卡MBA项目和北大国际项目而言，以下几类人比较适合申请：(1)来自外企的人士；(2)有一定国际背景(如海外工作或海外业务背景)的人士；(3)希望未来从事海外市场拓展或国际企业管理的人士。此外，由于这两个项目的国际化程度较高，对于希望获得全方位西方商学院教育体系培养的人士而言，也很适合申请清华MBA全球项目、清华-北卡MBA项目和北大MBA国际项目。由于上述三个项目的授课方式为全英文或部分英文课程，从而申请这两个项目的申请人最好具有一定的英语交流能力。

此外，这里尤其需要强调的是，上述选择建议是相对的而不是绝对的，以清华(在职)MBA项目为例，虽然每年招收大量职业背景深厚的考生，但也不乏工作年限较短、较为年轻的申请人成功考取。再比如清华北大MBA的脱产项目，每年也会录取很多年龄较大的人士。

这里，申请人应当充分认识到一条重要的清华北大MBA选拔理念：清华北大MBA项目非常注重录取的MBA新生群体的多元化，所谓多元化体现在行业领域、工作年限等方面。因此，无论何种行业背景或管理资历，只要认真完成清华北大MBA申请的各个阶段，在申请材料短文和面试中充分体现自身的各项优势，一般都有被清华北大MBA录取的机会，每年清华北大MBA的录取名单中也不乏大量教育背景、企业背景或职位背景比较普通的人士。

综上所述，清华北大MBA申请人应当综合考虑自己的职业背景、未来的发展方向和学习方式的偏好来选择最适合自己的MBA项目，以确保顺利考取，并在攻读MBA过程中取得最大的收获。

> 往年考取清华北大MBA的考生这样来评价申请材料在清华北大MBA申请中的重要性的:"无论把申请材料的准备看得多么重要,其实都不为过。"

如何提高申请清华北大MBA的成功率

成功申请策略一:选择同时申请清华北大两校的MBA项目

正如之前所指出的,在清华北大等MBA招生院校推行提前面试改革后,申请人可以在提前面试阶段同时报考多所MBA招生院校。清华北大MBA虽然同为国内最顶尖的MBA项目,但在选拔标准、录取倾向等方面依然存在很大差异。每年很多报考清华北大的考生,在其中一所院校面试情况很理想,但另一所院校则相对较差,这也说明了清华北大在录取标准上的明显差异。

因此,对于准备考取清华北大这两所国内最顶尖MBA项目的申请人而言,比较明智的申请策略是同时申请这两所院校的MBA项目,这将大大提高最终成功考取清华北大MBA的成功率,也是非常必要的。

同时，由于清华北大两所MBA招生院校所要提交的材料基本相同，所以同时报考上述两所MBA招生院校需要额外付出的精力有限。

成功申请策略二：认真准备清华北大MBA申请材料，全面体现自身各项优势

从历届清华北大MBA实践来看，结合清华北大MBA的录取程序，申请材料对于成功申请清华北大MBA起到至关重要的作用。具体而言，清华北大MBA申请材料对成功申请两校MBA具有以下关键性的意义。

首先，正如之前所指出的，由于每年清华北大MBA报考人数众多，申请竞争激烈，在众多完成清华北大MBA申请材料提交的申请人中，只有约20%的申请人可以获得清华北大MAB的面试资格。而能否获得清华北大MBA关键性的面试资格，完全取决于申请人提交的申请材料，清华北大MBA中心的考官将根据申请人提交的申请材料对申请人的申请背景、职业发展空间和高级管理者发展潜力进行综合评估，进而确定是否给予面试资格。

其次，根据清华北大MBA的评审规则，申请材料审核考官的审核结果(打分)和审核评语不仅直接决定申请人能否获得院校的面试机会，同时对正式面试阶段的、最终决定能否获得条件面试资格的打分也有重要影响，进而对能否通过清华北大MBA的提前面试也具有重要的影响。以清华MBA为例，根据清华MBA的面试审核规则，在面试阶段，清华MBA面试考官将首先查阅材料评审阶段的考官打分和评语，进而结合面试情况进行最终的面试打分。换言之，认真准备申请材料，不仅有利于获得宝贵的面试机会，同时还有助于提高在清华北大MBA面试中的面试成绩，增加通过提前面试的把握，提高成功率。

第三，在提前面试阶段，申请人之前提交的申请材料将成为清华北大MBA面试考官进行提问和评审的主要依据。具体而言，在清华北大MBA提

前面试中,考官所提的各类问题将主要基于考生之前提交的申请材料所提供的职业背景、管理经历和自身优势等信息。换言之,在决定能否获得条件录取资格的清华北大MBA提前面试中,面试的问题通常是围绕考生的申请材料进行提问的。

最后,在面试阶段,由于清华北大MBA面试时间相对较短,面试考官除了基于申请人的面试表现进行打分外,申请人的申请材料中所包含的信息(如申请短文中提及的管理经历、管理优势和管理背景等)也对面试考官的打分起到重要作用。

综上所述,对于准备考取清华北大MBA的考生而言,申请材料对成功申请清华北大MBA是至关重要的,对申请材料的认真准备,尤其是申请短文的认真撰写,在申请材料中充分体现自身的管理职业背景优势、职业发展潜力和管理者综合素质,将非常有助于提高申请人在竞争激烈的清华北大MBA申请中脱颖而出,最终顺利考取。往年考取清华北大MBA的考生这样来评价申请材料在清华北大MBA申请中的重要性的:"无论把申请材料的准备看得多么重要,其实都不为过。"

成功申请策略三:建立系统的管理知识储备

系统的管理知识储备有利于体现自身的管理思路。在清华北大MBA面试中,考官非常关注申请人的管理分析能力和管理深度,对于特定企业管理问题的分析能力和解决能力,如对于提高团队整体业绩、改善企业管理架构和市场营销拓展等方面的面试问题。对于这些MBA面试问题,申请人如果具有较为系统的管理知识储备,将管理知识融入自己的管理分析和管理解决方案中,提出较具深度的管理见解,将使面试成绩大为提高,增加被清华北大MBA录取的把握。

具体而言,在清华北大MBA面试中比较常用的管理领域知识包括管理学、战略管理和市场营销学等领域的管理知识。其中,管理学知识主要针对清华北大MBA面试中涉及的管理组织架构、组织激励、管理沟通和领导力的相关面试问题；战略管理主要针对企业宏观战略环境分析、战略规划和战略实施等方面的面试问题；市场营销学则主要针对清华北大MBA面试中涉及的市场分析、营销规划和产品定位等方面的面试问题。

对这些管理相关知识的系统掌握，将使清华北大MBA申请人具有更为深刻的管理分析能力和更为全面的管理视野，而上述优势正是在竞争激烈的清华北大MBA面试中脱颖而出所必不可少的。

成功申请策略四：针对院校的招生录取倾向和录取标准进行有针对性的材料和面试准备

虽然同为我国顶尖的MBA项目，但清华北大两校MBA在招生录取倾向和标准方面有较大的差异，具体表现在申请材料风格、申请人个人特质、职业发展倾向和管理思维等方面的差异。相应地，针对申请院校的录取倾向进行材料和面试的准备，使自己在材料和面试中所体现的申请优势和个人特质更加符合院校的录取倾向，将有利于在清华北大MBA面试中取得理想的成绩。

成功申请策略五：全面强化自身的面试综合能力

在清华北大MBA面试中，对申请人的以下几个方面提出了较高的要求：(1)沉稳的管理者气质；(2)清晰的逻辑分析能力；(3)优秀的语言表达能力；(4)出众的推理能力；(5)卓越的思辨能力；(6)承受压力面试的能力。

针对清华北大MBA的上述面试要求，考生需要在参加正式面试前全面提高上述几个方面的能力，在面试中发挥出较好的个人综合素质。一般来讲，通过多轮的模拟面试和面试辅导老师的指导，可以在较短时间内提高上述临场能力，在面试中体现出较高的管理者综合素质。

成功申请策略六：清晰合理的职业发展规划

在清华北大MBA面试中，对自身未来职业发展进行科学合理规划，进而体现出自身的职业发展潜力，对于赢得清华北大MBA面试也很关键。清华北大等MBA招生院校非常关注申请人的职业发展规划情况，一般来讲，对自身未来职业发展规划较为清晰的考生将有较大的录取机会。这是因为，从MBA招生院校的角度来说，较为清晰、科学的职业发展规划表明申请人具有较大的职业发展空间，通过商学院MBA项目的系统培养，将可以获得较大的职业发展，从而体现商学院MBA项目的培养价值，这类申请人通常比较适合被录取作为商学院MBA培养对象。反之，如果职业发展规划严重不清晰或不合理，则往往会引起清华北大MBA面试考官的负面评价，不利于MBA的成功申请。

成功申请策略七：结合自身的各方面背景选择最佳的清华北大MBA申请项目

选择最佳的清华北大MBA申请项目将有助于提高被成功录取的几率。如前所述，清华北大MBA不同的申请项目具有不同的录取标准和培养目标，结合院校申请项目的具体录取标准和自身的申请背景情况选择最适合申请的MBA项目往往有助于提高被清华北大MBA录取的几率。因此，在正式申请前，应当对清华北大MBA申请项目的项目特征、录取倾向和选拔标准等有较为全面、深入的了解。反之，如果对两校MBA项目的具体情况缺乏了解，盲目选择申请项目，则很有可能因为自身的背景情况与所申请的MBA项目不匹配而错失MBA录取机会，与国内最顶尖院校的MBA项目失之交臂。

第五章
清华北大MBA面试流程

> 清华MBA(在职)项目的面试只包括清华MBA中文标准化面试一个环节,而清华-MIT全球项目则包括清华MBA中文标准化面试和英文口语面试两个环节。

清华MBA面试流程

为了从众多MBA申请人中选拔出最为理想的培养对象,清华MBA设置了一套严谨、科学的面试体系和流程。下面以清华大学经管学员MBA项目为例,介绍清华MBA面试的基本流程。

1. 清华MBA面试前的基本流程

(1) 获得清华MBA面试资格和面试时间的确认

在根据清华MBA项目的要求完成申请的材料后,经过清华的严格审查,将在各批次提交申请材料截止后的1~2周后通过清华MBA在线申请系统通知申请人是否获得清华MBA面试资格。

在获得清华MBA面试资格后,为了方便申请人参加面试,根据清华MBA项目的相关规定,申请人可以在规定的时间段内(一般为一个特定周末的两天)在清华MBA在线申请系统内自行确定具体的面试时间,例如可以自行选择周六的上午参加清华MBA面试,或选择在周日下午参加面试。

(2) 在清华经管学院面试现场进行面试资格确认

在获得面试资格并确定面试时间段后,考生需要在确定的面试时间到清华经管学院进行报到,并携带个人证明(身份证、学历学位证书等)进行面试资格的确认。此外,在该阶段,考生还应当将事先打印好的个人申请材料(包括申请书、推荐信、组织架构图和成绩单等)提交给清华MBA中心,以便清华MBA考官在面试过程中使用。

(3) 进行面试考场的抽签

为了确保MBA面试的公平性,清华MBA采取抽签确认面试考场的基本流程,亦即在进行面试资格的确认后,通过考生抽签来确定具体的面试考场。由于清华MBA的各个考场由不同的考官组成,从而上述面试考场抽签流程也就确定了面试考官的组成。

(4) 参加清华MBA面试

在抽签确定的面试时间前20分钟左右,清华MBA中心老师会通知考生到MBA面试考场门口准备参加面试。面试时间开始前5分钟,该面试考场的面试秘书会在验明考生的个人证件后引导考生进入面试教室进行面试。

2. 清华MBA面试现场流程

(1) 清华MBA面试现场流程概述

对于清华MBA的两个项目——清华MBA(在职)项目和清华-MIT全球项目而言,清华设置了不同的面试方式。具体而言,清华MBA(在职)项目的面试只包括清华MBA中文标准化面试一个环节,而清华-MIT全球项目则包括清华MBA中文标准化面试和英文口语面试两个环节。换言之,清华MBA(在职)项目和清华-MIT全球项目考生均需要参加清华MBA中文标准化面试,此外,清华-MIT全球项目考生还需要在参加中文标准化面试的基础上再参加英文口语面试。

(2) 清华MBA中文标准化面试

如前所述,清华MBA(在职)项目和清华-MIT全球项目的考生都需要参加该项面试。清华MBA中文标准化面试的面试时间为25分钟左右,采取个人面试的形式,面试考官由三位考官组成。

清华MBA中文标准化面试的考官团队由清华经管学院教授、清华经管学院企业校友和人力资源主管组成。清华之所以设置上述考官团队组成结构,是因为三类考官具有不同的优势和个人背景,可以更为全面、科学地对MBA面试考生进行考查和选拔。

具体来讲，清华经管学院教授对院校的培养体系和培养要求有较为深刻的把握，能够从院校的角度对面试考生进行考核；同时，学院教授对管理、金融、财务和市场营销等领域的专业知识有较为深入的研究，便于从专业知识的角度对清华MBA面试考生进行提问和评估。清华经管学院企业校友则有着丰富的企业实际管理经验，通常擅长对面试考生的管理能力和管理经验进行考核和挖掘，进而对面试考生的管理者综合素质和职业发展空间进行较为客观的考评。企业人力资源主管主要从人力资源的角度对面试考生进行考核，如通过压力面试问题考查申请人承受压力的能力、应变能力和职业发展倾向等。

在面试过程中，三位MBA面试考官将结合面试考生的申请材料所提供的背景信息和陈述进行提问。常见的面试问题主要涉及以下几个方面：①个人职业发展规划和具体实施方案；②攻读MBA的主要原因及学习计划；③主要管理经历和管理职责情况；④企业常见管理问题的考查(如企业架构问题、团队沟通问题、员工授权问题等)；⑤企业所在行业情况和企业宏观战略问题；⑥管理创新能力；⑦企业营销和品牌建设等领域的问题；⑧企业伦理和社会责任相关问题；⑨个人领导力和管理者潜质的考查；⑩个人自我评价等。

这里还需要指出的是，根据清华MBA的面试流程，清华MBA中文标准化面试考官在面试正式开始前，先要仔细阅读面试考生的申请材料和材料评审阶段考官的打分、评语，因而实际上在面试阶段，考生之前提交的申请材料也发挥着重要作用。

此外，还需要注意的是，对于清华MBA(在职)项目申请人来说，由于只需要参加该项面试，从而该场面试的表现就完全决定了最终能否通过面试和获得清华MBA条件录取资格，因而具有决定性意义，需要加以高度重视。

如前所述，对于清华-MIT全球项目的考生来讲，需要参加中文标准化面试和英文口语面试两场面试。但是，对于清华-MIT全球项目的最终录取结果而言，上述两场面试中起主要作用的还是中文标准化面试，而英文口语面试则起辅助作用。

(3) 清华MBA英文口语面试

如前所述，清华MBA英文口语面试是专为清华-MIT全球项目考生开设的面试流程，这主要是因为清华-MIT全球项目课程包含很多英文课程，同时有很多海外交流项目，需要申请人具备一定的英语交流能力。

清华MBA英文口语面试考官团队通常由两位考官组成，其中一位考官为外籍考官，另一位考官则为中国考官，采取个人面试的方式。该场面试主要侧重清华-MIT全球项目申请人的英语交流能力，一般结合申请人提交的申请材料和个人自我介绍，就与申请人职业背景或个人经历有关的话题进行提问和交流。该场面试的时间通常为20分钟左右，面试考官可以视需要适当延长英文口语面试时间，以便对申请人的英语交流能力进行全面考核。

3. 清华MBA面试结果的公布

在完成上述面试流程后，清华MBA中心一般会在面试结束后的1~2周后通过在线申请系统通知申请人面试结果。根据清华MBA的相关规定，面试结果一般分为三种状态，即获得条件录取资格、获得条件录取递补资格和未获得条件录取资格。第一种状态表明申请人已通过清华MBA面试，只要根据申请流程达到一月份国家联考笔试国家分数线即可被清华MBA正式录取；第二种状态表明申请人有机会在后面的面试批次或联考笔试成绩公布后获得转正机会；第三种状态则表明申请人未通过清华MBA面试。

> 北大MBA申请人均需要先后参加北大的两轮面试——中文标准化面试和抽题面试。

北大MBA面试流程

北大MBA面试流程(包括材料申请结果、面试考场和面试结果通知等)与清华MBA基本相似。我们知道,北大MBA项目包括全日制项目、在职项目和国际项目三个申请项目。上述三个北大MBA申请项目的考生均需要先后参加北大的两轮面试——中文标准化面试和抽题面试。

1. 北大MBA中文标准化面试

北大MBA中文标准化面试与清华MBA中文标准化面试的面试形式基本类似,也是采取个人面试形式,考官团队由三位考官组成,分别为北大MBA教授、企业校友和人力资源主管,为全中文面试,也是通过抽签来确定具体的面试考场次,中文标准化面试的时间也通常为25分钟左右。

"抽题"是北大MBA面试过程中非常有特色的一个环节,除了在北大MBA面试的第二个环节(抽题面试)会涉及抽题外,实际上,在北大MBA面试的中文标准化面试中也包含抽题环节。关于北大MBA抽题环节的具体内容,我们还将在本节后面的内容中具体介绍。

除了上述抽题环节外,北大MBA中文标准化面试的内容和方向与清华MBA中文标准化面试基本相同,也是主要侧重申请人的综合管理能力和职业发展规划等方面。在面试考场上,通过三位考官的提问,深入、全面考查面试考生的管理者综合素质情况。此外,与清华MBA中文标准化面试相比,北大MBA中文标准化面试的面试问题更为发散,北大MBA面试考官可以基于自身的考查方向和面试侧重点，提出更为宽泛的面试问题，全面考察申请人的管理者综合素质。

具体而言，在北大MBA中文标准化面试中，面试考官将主要从以下几个角度考查考生的管理者综合素质和职业发展潜力，进而确定其是否符合北大MBA录取要求：(1)教育背景情况；(2)职业背景情况；(3)管理沟通能力；(4)领导能力；(5)管理创新力；(6)思维与分析能力；(7)个人职业素养；(8)职业发展前景；(9)行业战略视野；(10)社会责任感。

2. 北大MBA抽题面试

对于北大MBA面试考生而言，在参加北大MBA中文标准化面试之后，还需要参加北大MBA第二环节的面试——抽题面试。在该环节，面试时间为15分钟左右，以抽题回答为主，即考生进入考场后，随机抽取2~3道题目并进行回答，考官根据考生的抽题回答情况进行相应打分。

如前所述，所有参加北大MBA面试的考生都需要先后参加中文标准化面试和抽题面试两个环节(场次)的面试。在抽题面试环节，对于申请北大全职项目和在职项目的考生来讲，该抽题面试环节为全中文面试，即抽到的题目和回答的语言均为中文；对于北大国际项目申请人来讲，上述抽题面试环节则为全英文面试，所抽到的题目均为英文题目，同时要求用英语加以分析、解答。

北大MBA抽题面试环节的题目范围很广，大致包括以下几类问题和考查方向：(1)对社会热点问题的理解和看法，侧重考查考生的视野和社会责任感；(2)企业实际管理问题的解决，侧重考查考生的企业管理分析和决策能力；(3)对情境性面试问题的解答，侧重考查考生的临场应变能力和解决问题的能力；(4)对数字型问题的推理和计算能力，侧重考查考生的推理能力和快速反应能力。

由上述清华北大MBA面试各个环节的要求和考查方向，我们不难看到，要想在清华北大MBA面试中获得理想的面试成绩，顺利通过两校组织的MBA提前面试，需要从申请材料准备、管理知识积累、面试技巧、管理分析能力和职业规划等方面进行深入、全面的准备，准备工作的科学性和系统性直接决定了在面试中的成败和最终能否顺利考取清华北大MBA。

第六章
清华北大MBA申请短文的撰写

第2章

現代の世界

> 能否获得关键性的清华北大MBA面试资格几乎完全取决于申请材料的撰写。

申请材料对成功考取清华北大MBA的关键意义

对于有志于考取清华北大MBA的考生而言，申请材料对于最终的成功考取具有关键性的意义，而这也恰恰可能导致很多背景不错的考生在面试中成绩不理想、甚至根本未获得面试机会，从而与清华北大MBA失之交臂。

具体而言，在整个清华北大MBA申请过程中，考生向院校提交的申请材料至少在以下4个方面发挥着决定性的作用：

首先，正如前文所指出的，在每年数以千计的清华北大MBA申请人中，由于两校的面试考官资源相对有限，只从众多申请人中筛选20%左右的考生给予面试资格。换言之，在大批的清华北大MBA申请人中，有约80%的考生无法获得宝贵的清华北大MBA面试资格。而能否获得上述关键性的清华北大MBA面试资格几乎完全取决于申请材料的撰写，亦即能否通过申请材料充分体现出自身的各项优势，同时使自己在申请材料中体现出的各项能力和潜质充分契合清华北大MBA考官的评审要求。

其次，根据清华北大MBA的面试流程，在

正式进行面试之前，两校的面试考官首先要查阅材料评审考官的打分和评语，所以申请材料对考生给面试考官的初始印象有较大的影响。

第三，申请材料是清华北大MBA面试考官提问的主要依据，各类管理问题、职业发展规划问题和背景问题均以考生之前向院校提交的申请材料为基本依据，所以两校MBA的提前面试主要都是围绕申请材料加以展开的。因此，申请材料在面试过程中也发挥着核心作用。

最后，从清华北大MBA面试的实践来看，由于两校MBA面试时间相对较短，考官通过面试交谈从考生处获取的信息相对有限，为了确保面试打分的客观性和全面性，面试考官一般在打分过程中也要充分考虑申请材料所提供的大量信息，如职业规划、MBA学习计划和个人成功事例等。

综上所述，申请材料对于考取清华北大MBA是极为关键的，是提高考生申请通过率的核心环节。要想顺利考取清华北大MBA，考生必须对申请材料撰写环节高度重视并通过认真、严谨的撰写，在申请材料中充分体现出自身的各项优势，获得宝贵的清华北大MBA面试资格和较为理想的面试成绩。

> 在清华北大MBA申请短文中，往往要涉及对自身成功管理经历的描述和分析。

申请短文类型1——成功与失败经历

在清华北大MBA申请短文中，往往要涉及对自身成功管理经历的描述和分析。例如，在2014年清华MBA申请材料自述短文中，第一题为：

请描述你最成功的三次经历，给出选择理由。(请写出事情的重要性、背景、经过、你的角色、决策过程、作出的行动、结果和影响，至少一个与团队有关。)

【解析】本篇短文主要考查MBA申请人的以下三个方面的情况：(1)以往的管理背景情况和管理高度；(2)企业管理能力和对管理问题的分析能力；(3)申请人的管理能力侧重方面。

通过本篇短文的撰写，申请人应当努力体现出自己以下几方面的优势和潜质：(1)团队组织能力；(2)部门协调沟通能力；(3)市场开拓能力；(4)管理战略视野；(5)管理创新能力；(6)企业统筹管理能力等。

参考范文1

出色完成美林银行投资咨询项目

2010年12月,公司高层指示我领导项目团队负责美林银行不动产收购的项目咨询工作。尽管美林银行作为大型国际金融机构,对咨询项目的要求很高,但如果我们成功完成了该项目,将对企业声誉产生莫大的帮助,进而吸引更多的优质客户。于是,我带领我的团队全身心地投入到该项目的工作中去。在信息收集阶段,我们先后走访了相关银行和施工机构,搜集了大量第一手资料;同时,我们还整理了相关的财务数据供参考。在项目论证阶段,我们针对客户的实际需要,根据美国财务准则(GAAP准则)和美国咨询企业的项目咨询流程,对投资项目的潜在金融财务风险和法律风险进行了深入的分析,并结合我国的宏观经济数据对该项目的预期现金流情况进行了全面的论证。客户收到咨询报告后表示非常满意并成为公司的长期客户。这次经历使我认识到,企业必须将客户的利益摆在第一位,提供最优质的服务,只有这样,才能使企业赢得客户的信任。

参考范文2

参与投行部重要IPO项目,顶住压力完成工作

2011年7月,公司成为某IPO项目独家承销商,投行部门高管对该项目非常重视,希望使该公司成为房地产行业实施调控以来首家成功上市的该行业企业,提升我们在投行领域的影响力和市场份额。尽管之前也参与公司上市的相关业务,但距离证监会提交截止日只剩三个月的时间,加之公司高管对该项目志在必得,我面临很大的工作压力。针对房地产行业的特征,我结合行业的相关历史数据和相关企业的财报信息,对该公司的资产净值和相关财务比率进行了系统评估,并对股票的发行定价和股权结构提

出了建议。由于时间紧迫,我带领我的两名下属与拟上市公司的集团办公室保持高度信息畅通,针对发审委和证监会的要求,随时就申请进度和相关材料进行沟通,在领导规定的进度内完成了相关材料的准备工作。最终该公司成功在上交所上市,成为房地产调控后成功实现IPO的房地产企业第一单。

此外,在清华MBA申请书短文中,还要求考生系统描述自己的一次失败经历。在2014年清华MBA申请材料自述短文中,第二题为:

请讲述你的一次失败经历。从中学到了什么?(请写出背景、经过、你的决策过程、作出的行动、结果和影响。)

【解析】本篇短文要求清华MBA申请人通过对一次失败经历的客观描述来评估申请人的主要缺点及相关管理者综合素质。进一步地,本题不仅要求申请人对自己的失败经历做出客观描述,还要求写出自己从失败经历中所获得的启示或经验教训。因此,考生应当充分认识到,清华经管学院在其MBA申请材料中设置这样一篇短文的用意远不仅仅在于想要了解申请人的一次失败经历的相关事实,更重要的还在于深入了解申请人作为一名具备出众管理潜质的企业管理者能否从失败经历中总结出深刻的管理问题以及对管理问题的分析、解决能力和心理素质等诸多方面。

参考范文1

在投资顾问公司工作期间,我所在的部门承担了一家丹麦企业——丹佛斯公司的投资咨询项目。在组建项目团队过程中,我急于向公司高层证明自己的工作能力,主动向上级提出负责丹佛斯项目的法律风险和财务风险的评估工作。在进入项目的具体咨询阶段以后,我逐渐发现自己对欧洲企业的财务制度和相关法律法规并不熟悉,对客户的实际需求也不能准确把握。这一方面是由于自己的专业知识背景尚有待完善,另一方面则是由于自己的资历尚浅,不能与丹佛斯的管理人员进行有效的沟通,全面了解客户企业的咨询需求。由于上述原因，我做出的研究报告缺乏详实的依据，选取的金融分析模型也不符合客户公司的实际情况。对于我向客户提交的研究报告，客户公司非常不满意。公司领导不得不委派另一位资历较深的经理重新完成我的工作，拖延了咨询项目的进度。

通过这次失败的经历，我认识到，在工作中要对自己的实际工作能力有一个客观的评估，不能不切实际地盲目接受自己无法承担的挑战，而需要不断积累工作经验并且充实自己的专业知识，在日常工作中不断锻炼自己，使自己真正能够胜任较为复杂的投资咨询项目。

参考范文2

按照工作流程，我每日日终要给各次托管行和管理人发送资金流量表。那日，由于交易较多，工作量骤增，当我开始制作报表时，距离约定的发送时点只剩不到10分钟的时间了。我以最快的速度做好报表，并在约定时点到来的那一瞬间，按下"发送"键。我本以为有惊无险地过了这一关，在回家的路上，却接到对方的电话，被告知发送的报表有误。我只好回到办公室，重新制作报表。这次事件虽然只是一件小事，也没有造成任何的损失，但却引起我对自己的深刻反思。

反思与收获：

第一，细节决定成败。银行是以信誉为生的企业，百分之一的错误，无论大小，都有可能将几十年积累下来的企业声誉毁于一旦。所以银行工作以"严谨"为第一要务。只有将每一个细小的工作都当成大事来做，树立"银行业务无小事"的工作态度，才能保证安全运营，从而保护银行信誉。

第二，完善风险控制体系。风险控制是银行内部控制的核心。随着金融产品越加灵活，操作流程越加复杂，风险控制难度系数也随之升高。不断健全和完善风控体系，做到"产品开发，风控先行"，才能使银行在发展与创新的道路上,走得更加稳健。

第三,强化执行能力。随着业务发展逐渐成熟,我们拥有严谨的规章制度,完善的管理体系,却独缺精益求精、百折不挠的执行力。若能在工作中按操作规程百分百地执行,很多错误都可以避免,减少损失,提高效率。

> 申请人的未来职业发展规划情况是清华北大等国内外顶级院校的商学院MBA项目所高度关注的方面。

申请短文类型2——职业发展规划

申请人的未来职业规划情况是清华北大等国内外顶级院校的商学院MBA项目所高度关注的方面。这主要是因为，对申请人未来职业规划的考查有助于了解申请人的未来职业发展空间和培养价值，进而对申请人是否适合作为MBA培养对象做出客观的评价。

例如，在2014年清华MBA申请材料自述短文中，第四题包括以下内容：

描述你的短期和长期职业目标。你打算怎么样去实现目标？

在2014年北大MBA申请材料自述短文中，第一题为：

什么原因促使您决定要读MBA？这与您的职业愿景有何关联？

在撰写有关职业规划的申请短文时，要注意以下两个方面的问题。

首先，要体现出一定的职业发展高度(尤其是长期职业目标)。作为国内顶级的MBA项目，对于所录取的MBA新生的未来职业发展空间和前景有较

高的要求。在撰写本类短文时，应当让清华北大MBA考官看到申请人未来的职业发展抱负，进而体现出较高的职业素养和高级管理者培养潜力。

其次，在体现一定职业发展高度的同时，应当确保职业发展规划和目标的合理性和科学性。换言之，申请人所制订的自身职业发展规划应当与自身的各项背景——如之前的履历情况、目前所处的行业发展情况、职位层级和企业规模等——相匹配，从而体现出较强的合理性。同时，职业发展规划应当体现出较为清晰的发展思路。

清华短文参考范文

短期目标：充分把握私人银行业务部门的市场需求和客户理财要求，结合中信银行的长期发展战略制定符合客户需求的银行理财产品和市场营销战略，充分发挥自己在金融理财方面的专业优势和市场战略规划能力，成为私人银行业务部门中层管理者。

长期目标：通过在私人银行业务部门的长期发展，深入掌握商业银行的发展模式和市场战略，成为具备高度国际化视野和银行业综合管理能力的银行高层管理者。

我将通过不断提升自己的市场战略把握能力和产品规划能力，同时将金融专业知识和市场营销理念融入部门的管理工作中，全面提升自己的综合管理素质，使自己成为一名金融行业的核心管理人才。

北大短文参考范文

职业愿景：努力使自己成为大型跨国汽车集团的高层管理者，为世界汽车消费市场提供最适合消费者的安全、节能、环保的汽车，并通过优质的新能源汽车产品，缓解全球能源与环境危机，探索人-车-自然和谐共处的可持续发展之路。

愿景形成背景及与MBA的关联：

1. 4年的汽车专业学习、5年世界顶尖汽车集团的管理实践基础，使我积累了丰富的跨国管理经验。随着职位的不断提升和管理权限的扩大，我需要用现代先进的企业管理理论指导我的管理实践，使自己的实践经验与系统的管理理念实现充分融合，实现自身管理者综合能力的升华，进而充分发挥自己的管理才能并有效推动企业的发展。

2. 大众汽车集团作为世界第一大的500强汽车企业，在全球拥有遍布德、法、意、英等国的多达12个子品牌。面对当今世界汽车产业的全新布局，怎样高效整合全球资源配置、优化跨国车企管理架构、实现产业链升级，便成为一个成功的汽车行业领导者必须思考的问题。为了使我和我所领导的团队能够更加积极有力地应对未来挑战，我需要通过光华MBA的优秀国际化教育尽快拓展国际视野，吸收前沿管理理念，为未来的职业发展创造最优能力储备。

3. 汽车是一个与能源、环境，甚至与国民生命安全紧密相关的特殊行业，作为汽车行业的一名管理者，既对企业和社会负有巨大的责任，也亟需得到各个行业的紧密配合与支持。光华MBA是众多行业的精英汇集之地，唯有在此，我才能结识到各行各业顶尖人才，为日后的跨行业合作打下良好的基础，也令吾国吾民受益。

> 清华北大MBA在对申请材料的考查过程中,非常关注申请人的自身优势(尤其是管理者优势)和独特的申请背景,从而提高其MBA学生群体的整体质量和多元化的MBA群体背景。

申请短文类型3——自身优势与独特视角

如前所述,作为国内最具实力的MBA项目,清华北大MBA在对申请材料的考查过程中,非常关注申请人的自身优势(尤其是管理者优势)和独特的申请背景,从而提高其MBA学生群体的整体质量和多元化的MBA群体背景。对于清华北大MBA学生而言,较高水平和多元化的校友群体,也有助于提高校友资源的价值。

2014年北大MBA申请材料自述短文第四题为:

如果您被光华MBA录取,您认为您在哪些方面的独特经历或者独特视角可以用来与同学分享?

在阐述自身的独特经历和独特视角时,应当注意以下几点要求:

首先,要充分考虑北大MBA项目的录取标准和录取倾向,如关注申请人的行业积累、较为独特的行业背景、较为突出的职业经历亮点等,充分体现出自身职业发展生涯与北大MBA招生录取标准的契合性,而不能简单

地凭感觉随意阐述自身的独特优势。

其次,要尽量体现自身职业经历和视角的独特性,而不要过于普通或缺乏独特性。具体而言,每位申请人在自身的行业背景、企业特征、管理经历及管理视角等方面都会有所差异,关键在于选取和挖掘充分体现自身独特行业优势和管理能力的方面和视角。同时,要注意不要为了单纯追求标新立异,而选择过于偏激的企业经历或视角。

最后,所阐述的独特经历或视角应当与自身的管理者定位紧密联系。例如,对于一名企业营销部门管理者,可以突出自己对销售细分市场的深入把握和营销策略的制定方式,以及对市场未来发展趋势的掌握,从而体现出较高的管理者综合素质和职业发展潜力。

参考范文

1. 对德国独特企业管理文化的深刻理解:大众集团作为杰出德国企业典范,身处这样一家历史悠久且具有绝对市场优势的典型德企,使我对其独特管理文化、全球管理架构,以及供应、采购、生产、销售的全球运作体系有着深刻的理解;同时,作为直接与德国总部对接部门的一员,我对德国企业的管理风格和文化内涵有了深入全面的感悟。此外,对于如何将大众这样有着深厚德国企业文化的集团与中国汽车市场无缝连接,并将欧洲大型车企的管理体系与中国本土的商业文化进行有机融合,也形成了自成一家的见解。

2. 丰富的跨国项目管理经验,多元合作的国际视野全球化的集团背景,使我拥有丰富的跨国管理经验和开阔的国际视野,并锻炼出优秀的团队组织才能,以及跨文化工作的能力。遍布德、英、法、意等国的伙伴让我有机会看到东西方文化各自的独特魅力与价值。与德国总部的长期项目对接,使我对德国严谨的管理制度和企业文化拥有深入的了解,也希望能把自己的真知灼见与同学们分享。

3. 洞悉中国汽车市场，准确把脉汽车行业丰富而多元的汽车从业经验，以及大众集团国际化的平台优势，使我对全球资源整合配置与全球汽车产业布局形成了前瞻性的战略思维，并结识了众多的行业精英与国内外专家，这令我可以与校友们分享丰富的行业积淀和人脉资源。

4. 8年公益服务，奥运为校争光：从大学至今，我一直坚持参加"打工子弟爱心会"等公益活动。2008年北京奥运会，我成功入选颁奖礼仪，并为校争光。我也希望能带动更多光华MBA的校友加入到公益事业当中。

2014年清华MBA申请材料自述短文第三题可选的问题之一为：

你认为自己什么地方与众不同？写出你认为招生录取委员会应该录取你的理由。

在本篇短文中，申请人应当结合自己的履历和特点，同时充分考虑清华MBA项目的录取标准和倾向，重点突出地逐条列举自己的主要优势，亦即应当被清华MBA录取的理由。

参考范文

基于以下几点理由，我认为招生录取委员应当录取我为清华MBA。

第一，出众的项目管理能力和团队领导能力。曾成功带领团队完成了多个大型外商在华投资项目的咨询工作，工作业绩充分证明了我具有高级企业管理者的培养潜力。

第二，专注的职业精神和高标准的道德操守。在担任投资咨询顾问期间，我本着一名咨询顾问的职责，尽心尽力完成客户委托我公司完成的各项咨询，提供专业性的咨询意见，避免个人主观因素的不当影响。在从事CFA培训项目期间，我以CFA学员的利益为导向，为学员打造最有价值的学习平台，因为我相信，只有在尊重客户的基础上，才能使企业获得真正的发展。

第三，百折不挠的进取精神和高度的工作热情。无论是在从事投资项目咨询工作时，还是在负责CFA培训项目的时期，我始终要不断面对各种各样的困难，但我知道，在通往成功的道路上，总是充满荆棘的。在努力克服一个又一个困难的过程中，我磨炼了自己的意志，这让我有信心去迎接新的挑战，而不是追求暂时的安逸。正是基于这样的信念，我毅然辞去了在投资顾问公司的工作，选择投身于CFA培训这一新的领域，寻求更大的职业发展空间。

第四，国际化的工作经验和强大的专业知识背景。在投资顾问公司工作期间，我一直从事国际投资项目的咨询工作，熟悉国际投资项目的运作流程和相关专业知识，并具备出色的英语交流能力。通过清华MBA全球项目的系统培养，将使我的专业知识与企业管理实践有机地结合起来，使我的企业领导才能得到全面发挥。

> 清华北大MBA对申请人自身对攻读MBA的价值的判断和未来在求学期间的学习规划也非常关注。

申请短文类型4——攻读MBA的价值与学习规划

除了对职业规划情况、各项申请背景和自身优势等方面的考查外,清华北大MBA对申请人自身对攻读MBA的价值的判断和未来在求学期间的学习规划也非常关注。从MBA招生院校的角度来讲,就读本校的MBA项目对申请人而言是否有充足的价值,亦即能否有效提升申请人的管理者综合素质和未来的职业发展空间,是有效评价申请人的核心考量标准之一。同时,申请人对就读MBA期间的学习规划和学习目标的考虑,也有助于MBA招生院校对申请人就读MBA的合适程度加以客观评价。

2014年清华MBA申请材料自述短文第四题包含以下内容:

清华MBA项目会对你达成目标起到什么作用?

关于清华MBA项目对达成职业发展目标的作用，申请人可以围绕清华MBA项目的各类资源和特色优势，如系统的管理知识、丰富的校友人脉网络、对领导力的培养、国际化的视野、全国顶尖的商学院师资资源和对企业家道德品质的培养等角度来加以全面阐述。

在撰写这部分内容时，切忌不考虑自身的职业发展规划和具体行业背景等实际情况，只泛泛地阐述清华MBA项目的各项特色优势，而应当充分结合自身的职业发展诉求和规划，体现出清华MBA项目对自身职业发展的重要价值和自己与清华MBA项目培养理念的全面契合。

参考范文

通过清华MBA教育从以下几个方面努力完善自己：

1. 全面提升自己的管理技能和领导水平，通过新版清华MBA课程系统学习管理知识，通过整合实践项目、企业访问和校友导师计划将学习到的管理知识与实践相结合，同时系统梳理自己在汽车行业的管理经验。

2. 清华的MBA"根植中国，面向世界"的全球定位和全球资源可以拓展我的国际战略视野，结合自己丰富的国际化项目管理经验，努力使自己成为"立足中国，面向世界"的跨国汽车行业领导者。

3. 通过清华MBA项目结识更加优秀的人才，相互学习和借鉴，分享丰富的人脉资源。

4. 作为汽车行业的一名管理者，对企业和社会肩负着巨大的责任。在清华严谨务实的学风下，我将通过经管学院MBA的伦理与企业责任课程、商业辩论大赛等多种方式全面加强自己的商业道德和社会责任感。

2014年北大MBA申请材料自述短文第二题包含以下内容：
您最想提升您哪方面的能力或素质？

在撰写本篇申请短文时，建议申请人在考虑自身职业发展诉求和自身能力提高要求的同时，还要充分、全面地考虑北大光华MBA项目的培养方向和各项主要资源。在两者充分匹配的前提下，科学、合理地规划自己的北大MBA学习计划和发展方向，体现出一名具有优秀培养潜质的申请人对各方面能力的提升诉求。

此外，还应注意的是，本题明确指出应当阐明申请人"最想"提升的某一方面的能力或素质，因此，申请人应当着重阐述自己最为重要或最为迫切提升的能力和素质的几个方面，而不应当泛泛谈及多个方面的能力和素质，否则会不符合北大MBA申请短文的写作要求。

参考范文

1. 提升自己对大型国际化企业的管理决策能力。作为大型跨国汽车企业的管理者，需要从全球资源流程和管理架构的角度出发，进行有效、科学的决策，实现企业资源利用效率的最大化和管理流程的最优化，通过北大MBA的系统培养，将使自己在获得全面管理知识体系的同时，更加胜任企业管理者的决策力要求。

2. 进一步拓展国际化视野，使自己具备针对全球市场和各国子品牌的综合管理能力。我作为500强跨国公司的一名管理者，需要在全球视野中管理项目和团队，通过光华MBA项目拓展自己的国际化视野，提升跨国、跨文化整合能力，带领企业实现在国际汽车市场的持续发展。

3. 构建更为广泛的人际关系网。汽车企业的成功运行，需要与能源、环保行业及各级供应商共同配合，广泛而良好的人际关系在顺利完成项目中起着非常重要的作用，随着我逐渐走上中层管理岗位，更加需要结识优秀的人才，构建自己更为广泛的人际关系网。北大优秀的校友资源是任何一所学校无法比拟的，因此光华MBA项目将极大地丰富我的人脉资源。

4. 培养自己的企业家道德和社会责任感。汽车行业涉及关系较多，因此作为一名管理者必须坚守商业道德和社会责任，在保障消费者与公司的利益的同时保护环境、对社会负责。

5. 提升自己的人文情怀和对社会问题的主动担当能力。要想成为一名商业领袖，不仅应该掌握商业知识和技能，具有全球视野和社会责任感，更要用最关切的精神和态度将自己的能力整合运用到实际工作中，为企业和社会创造价值。

> 从清华北大MBA的培养理念来说，其所要培养的MBA毕业生不仅应当具备出色的企业管理才能，还应当具有较高的企业家道德水平和社会责任感。

申请短文类型5——个人职业道德观

除了企业管理能力和管理潜质外，顶级名校MBA对申请人的道德操守和社会责任感也有较高的要求。从清华北大MBA的培养理念来说，其所要培养的MBA毕业生不仅应当具备出色的企业管理才能，还应当具有较高的企业家道德水平和社会责任感。换言之，从清华北大毕业的MBA应当具有较高的职业道德素养，为中国商界的整体道德水平的提高作出自己的贡献，进而充分体现出清华北大MBA的培养价值。

实际上，除了在入学选拔阶段，清华北大MBA项目需要深入考查申请人的职业操守情况和道德标准外，在入学后，两校MBA项目也非常重视对职业道德观的培养，均开设了企业伦理相关课程，并将其作为本校MBA的核心必修课程。

北大光华管理学院原MBA项目主任、光华管理学院金融学教授——姚长辉老师曾经把MBA学生比喻为一部好车，动力十足，但是好车需要好的方向盘，还得有好的司机控制这个方向盘。怎么理解命运？"命"好比车，生下来是宝马奔驰还是夏利

奥拓，这个改变不了；"运"好比路，无论好车坏车，走的路不行结局都好不了。所以必须选择一条好路，这个好路跟做人有关系，对成就事业至关重要。那么，好车走好路，谁在驾驭这车？驾驶者是谁？就是我们的心灵。无论如何要有一颗正心！清朝有一个大国医叫王孟英，临终时嘱咐儿孙要"正心、收心、养心"，对于MBA学生也一样。"正心"就是要有正的方向，创业选择的行业必须利国利民然后才是利己。比如污染环境的事情，就是再有暴利也不要做，今年挣钱绝不意味着以后也会挣钱，与挣多长时间、风险多大有关系。"收心"是指社会中诱惑太多，但太多东西和我们无关，北大人追求的是"成就自己，造福别人"，通过造福别人更多来收获更多的快乐，实现人生价值的最高境界。"收心"需要控制，怎么让自己快乐，并保持正确的方向，才能跑得更快，这就需要有"养心"的过程。同学们要有一个好的娱乐方式，好的朋友圈子，好的健康运动，追求有益健康的快乐，发现生活中的美。

在撰写本篇申请短文时，建议申请人结合自身的行业特点和工作职责来阐述自己的职业道德观，体现出较高的职业道德水平和社会责任感。具体而言，在日常企业管理工作中，除了关注自身利益、企业利益外，还应当充分考虑企业各项决策行为对社会公众利益的影响，而不能一切只以企业盈利和个人收入为判断依据。

参考范文1

前国务院总理朱镕基，为国家会计学院题写的校训"不做假账"，就是会计从业人员最基本的职业道德规范。而作为一名执业的注册会计师，我最核心的职业道德观就是不屈从迎合任何压力，不以职务之便谋求私利，保证审计意见的独立、客观、公正。作为一名优秀的注册会计师，我不断学习专业知识以提高胜任能力，不时地提醒自己要保持怀疑与谨慎的态度，严格遵守职业规范，以履行对社会及客户的责任。

2009年的一次离任审计中,我第一次亲身经历了金钱的诱惑与职业操守的对抗,让我更加深刻地认识到,作为一名注册会计师,职业道德就是声誉,声誉就是职业生命的灵魂。

也许,未来我不再是一个执业的注册会计师,但这份来自内心而坚持的诚信,都将作为我一生的准则。

参考范文2

作为股份制商业银行总行私人银行部门的青年管理者,需要具备强烈的责任感、事业心,我深知自己的日常工作直接关系到银行的业务发展和市场份额。自己所做出的每一项决定、提交的每一份业务发展规划报告,都关系到银行的私人银行业务乃至整体的市场战略格局。因此,我在工作之余,认真研究了主要市场竞争对手,尤其是花旗、汇丰、渣打等私人银行业务发展较为成熟的外资银行的业务发展模式和主要市场营销策略,同时充分研究本地高端客户的理财需求,提升自己的职业能力,为总行私人银行业务发展作出自己的贡献。

银行在现代经济体系发挥着重要作用,是企业投融资的重要平台,也关系到整个宏观经济的正常运行和发展繁荣。银行体系的信贷风险将导致整个社会经济运行的危机。作为一家商业银行总行的管理者,我非常注重银行的社会责任和对国民经济发展所担负的企业责任。

参考范文3

汽车会对环境和社会发展产生巨大的影响。作为汽车行业的一名管理者,我坚持企业与社会、环境的和谐发展。

在国家针对汽车尾气催化剂新标准的制定当中,我代表大众集团向国标委提出了全面改用新型催化剂的建议,因为以往的催化剂会因老化过快,使汽车尾气污染物排放超标,对空气质量和人民健康都产成了极大的消极影响。然而，由于新型催化剂会造成汽车厂家的成本上升，这个建议遭到了部分公司的强烈抵触。在巨大的压力下，我依然坚持我和大众集团对社会、环境和消费者所肩负的责任，联合多家汽车公司集体联名向国标委重申我们的主张，并通过国内外多项科学实验依据，向国标委证明了改用新型催化剂的必要性和紧迫性。最终，国标委终于采纳了我们的建议，并在2013年让全国的消费者使用上了安装新型催化剂的环保升级汽车。

强烈的社会责任感，使我在关注企业利益之外，更加充分考虑管理者的决策行为对社会公众利益的影响，并真正代表企业做到了"造福他人，成就自己"。

第七章
清华北大MBA面试核心环节指导

> 职业发展规划是清华北大MBA面试的一个重要环节，也是清华北大MBA面试考官非常关注的方面。

清华北大MBA职业规划环节面试攻略

职业规划是清华北大MBA面试考官关注的一个核心方面，清晰、科学的职业发展规划有利于体现自身出色的职业发展潜力和发展空间。对于自己的未来职业发展规划，既要充分基于以往职业发展情况和自身各项优势而做出相应的职业规划，体现出足够的科学性和合理性；同时，还应适当体现出一定的职业发展高度，体现清华北大MBA的培养意义和价值。

如前所述，职业发展规划是清华北大MBA面试的一个重要环节，也是清华北大MBA面试考官非常关注的方面，需要申请人在参加面试前结合自身的职业发展情况和各项背景情况(如企业背景、职位背景和教育背景等)进行深入、细致的规划。

清华北大MBA面试问题实例1

【问题】从职业生涯发展的角度，你认为与同龄人相比，你的职位晋升速度是比较快的，还是比较慢的？你认为与发展比较快的同龄人相比，你的主要劣势是什么？与发展比较慢的同龄人相比，你的主要优势是什么？

【考查方向】考查面试考生对自身职业发展速度的评价，进而考查考生的职业发展潜力和管理者综合素质。

【解析】本题要求申请人直接评价自己的职位晋升相对速度情况，并阐明自己的主要优势和劣势，属于难度比较大的一道面试题目。考生应当全面、客观评估自己的职业优势和劣势，既要避免盲目自信，也要避免过于低估自己的各项实力。

建议面试考生从以下几个方面来谈自己的主要优势和劣势：(1)管理沟通能力；(2)项目统筹能力；(3)团队组织能力；(4)团队激励能力；(5)客户营销能力；(6)战略规划能力；(7)市场分析能力；(8)部门协调能力。

此外，面试考生还应当注意的是，在谈及自己的主要优势和劣势后，面试考官很有可能结合考生的回答进行进一步的提问，考生应当有所准备。

清华北大MBA面试问题实例2

【问题】你未来五年的职业发展规划是什么？希望达到什么样的职位水平？

【考查方向】通过考查考生的职业发展目标来评估考生的职业发展空间和成长性。

【解析】在叙述自己的未来五年职业发展规划时，面试考生首先要注意不要与申请材料中的相关内容发生冲突。其次，应当在申请材料相关内容的基础上，更为深入、细致地阐述自己的未来职业发展目标，既要体现出较高的职业发展目标，同时也要具备一定的合理性，与自己以往的管理职位发展情况和管理能力相匹配，避免设定好高骛远、不切实际的职业发展目标。

在述及未来希望达到的职位水平时,面试考生应当结合自身当前的职位水平、企业的晋升制度、以往的职位发展情况和自身管理者综合素质,设定合理的职业发展目标。

清华北大MBA面试问题实例3

【问题】你最崇拜或认可的企业管理者(企业家)是谁?你认为需要多少年能够达到他(她)的职业发展高度?

【考查方向】考查面试考生的管理风格偏好和未来职业发展的志向、信心。

【解析】本题实际上同时考查了考生三方面的素质和能力:一是申请人的管理风格偏好,即所倾向的企业管理风格;二是申请人对企业管理的认识深度和广度;三是申请人的未来职业发展志向、成为企业高级管理者的信心和未来的职业发展规划。

在第一个问题中,面试考生可以选择两类人群作为自己最为崇拜或认可的企业管理者(企业家):

第一类人群是社会知名企业家,如柳传志、俞敏洪、李彦宏、马云等。如果选择这类知名企业家,则面试考生应当上述企业家的领导风格、管理优势和企业发展战略有足够的了解,并能够结合自己的企业管理经验和对管理的认识对企业家的管理风格和管理方法进行评论和借鉴,体现出自己对企业管理的认识深入,而不能对知名企业家的认识仅局限于其成功经历和简单的管理事例。

另一类人群是考生比较熟悉或有过一定接触的本企业中高层管理者,甚至是目前或之前的直接上级。如果选择这类管理者,则面试考生应当明确说明上级的主要管理风格,并明确结合本企业或本部门的经营环境、企业文化和管理要求阐述其对自身管理能力的塑造和职业发展道路给人的启示。此外,对于上级主管的评价不能仅限于溢美之词,而应当进一步分析其管理中的主要优势和对企业发展的作用，并体现出一定的管理高度和思维深度，而不能限于管理事例或管理方法的简单描述。

在谈及需要多少年才能达到该企业管理者(企业家)的管理高度这一问题时，面试考生应当尽力避免两种极端情况的阐述：一是盲目乐观地指出用很短的时间(如1~2年)即可达到其管理高度，给考官留下职业发展观不切实际的负面评价；二是过于保守，直接指出自己在未来的职业生涯很难达到所崇敬企业家的管理高度或需要非常长的时间才能够达到，从而使面试考官对申请人的职业发展空间和成长性产生疑虑，不利于获得理想的面试成绩。

> 领导力直接体现了一名申请人的管理者综合素质和管理能力，因而构成清华北大等顶级院校MBA面试的核心考查方面，对最终的面试成绩和面试结果有较为重要的影响。

清华北大MBA领导力环节面试攻略

美国前国务卿基辛格博士说："领导就是要带领他的人们，从他们现在的地方，去还没有去过的地方。"通用汽车副总裁马克·赫根是这样来描述领导者的："记住，是人使事情发生，世界上最好的计划，如果没有人去执行，那它就没有任何意义。我努力让最聪明、最有创造性的人们在我周围。我的目标是永远为那些最优秀、最有天分的人们创造他们想要的工作环境。如果你尊敬人们并且永远保持你的诺言，你将会是一个领导者，无论你在公司的位置高低。"

领导力直接体现了一名申请人的管理者综合素质和管理能力，因而构成清华北大等顶级院校MBA面试的核心考查方面，对最终的面试成绩和面试结果有较为重要的影响。从清华北大MBA的面试考查标准来看，领导力包括以下6个方面的能力。

(1) 学习力

该方面的能力构成的是领导人超速的成长能力。需要注意的是，该方面的能力不仅包括学习管理知识的能力,还包括学习其他企业先进经验,及时总结企业发展中的成功经验和教训等的能力。作为现代企业的管理者,应当在职业发展过程中不断学习最新企业管理知识,关注市场和行业的发展动态,随着企业的发展不断提升自己的知识水平和综合管理能力,而不能拘泥于以往的企业经营理念和管理知识水平。

(2) 决策力

该方面的能力是指领导人高瞻远瞩的能力的表现。作为企业领导者,不仅要把眼光放在当前的企业运营情况上,还应当针对企业经营和市场的最新情况,基于相关的信息和自身的经验进行判断,并制定相应决策,以实现企业的利润最大化(或亏损最小化),满足企业的经营目标。

(3) 组织力

组织力主要是指领导人选贤任能的能力。作为企业的高级管理者,不仅要有出众的学习能力和组织能力,还应当做到知人善任。领导者本人的工作能力再强,在庞大的企业组织中也很难产生有效的直接影响,同时在收集信息、与下属及部门的沟通方面,企业领导者也不需要也不可能事必躬亲,这就需要企业领导者选拔符合业务要求或部门要求的组织者,尤其是企业的中层管理者和部门管理者,对他们赋予一定的权限和职责,并制定相应的监督考核体系,避免对部门组织失控或下属管理者超越管理权限。

(4) 教导力

该方面的领导力是指企业领导者带队育人的能力。一名优秀企业家应当有较高的影响力,能够带领下属——尤其是核心管理团队成员——在管理企业的同时,不断提升自身的领导能力和对市场的战略性把握,成长为出色的管理者,能够承担更大的企业管理职责。因此,企业家的职责不仅在于管理企业,还在于带出一支精干的管理团队,形成企业核心管理团队的凝聚力,在带领企业实现发展的同时,注重下属的管理能力和业务能力的提升,实现企业管理团队整体素质的提升。

(5) 执行力

对于一名具备较高领导力水平的企业管理者而言，除了具备上述诸多方面的能力之外，自身还当具备较高的执行力，亦即企业领导者应当具有超越常人的绩效。这类绩效不是指具体工作(如销售产品、研究开发)的绩效，而是指管理企业的绩效水平。具体来讲，企业家的执行力表现在以下几个方面：一是高效传达企业管理决策的能力，也就是企业家所做出的决策可以快速传达给所属的部门和经理团队。二是企业家的各项管理决策对公司业务的实质影响速度和程度，具有高度执行力的企业家可以使公司针对其做出的决策快速进行反应，使其各项战略决策能够在最短时间内获得实施，进而为企业创造效益或提高企业的运作效率。反之，对于缺乏执行力的企业家而言，其做出的各项决策往往不能得到下属的贯彻执行或需要很长的时间才能付诸实施，这显然不利于发挥企业管理者的决策影响力和决策本身对企业的价值。

(6) 感召力

一名优秀的高级企业管理者往往具有很高的人格魅力和道德品质，能够影响到自己的下属，甚至对整个企业的管理风格产生深远影响。好的管理者通常善于将自己的管理理念和管理方法注入企业的核心团队，实现个人影响力与企业管理核心理念的统一。

作为企业的高层管理者，不仅要在日常经营和企业决策中发挥核心作用，还应当在企业的精神层面有巨大的号召力和影响力。一名优秀的企业家往往在公司的管理层和基层员工的凝聚力方面起到关键的作用，甚至是公司员工的"精神领袖"，吸引一大批优秀的管理者和基层员工在公司长期工作并产生令人满意的业绩，是保持员工忠诚度的重要基础。在企业管理的实践中，我们不难看到企业领袖的感召力对提高员工士气、形成管理团队的凝聚力上所发挥的重要作用，例如联想集团的柳传志、新东方集团的俞敏洪和百度公司的李彦宏，这些企业家不仅在企业的日常管理经营活动中发挥着核心作用，同时也以其个人的人格力量和感召力，推动着企业的发展，并促成企业的核心管理文化和市场发展观。

清华北大MBA面试问题实例1

【问题】你的下属或同事是如何评价你的管理风格的？

【考查方向】了解申请人的个人管理风格和管理能力。

【解析】每一名企业管理者都有自己的管理风格。所谓管理风格，就是日常进行管理工作的基本方式和特点，或者所遵循的基本思路。在企业管理的实践中，有的管理者注重细节管理，有的管理者则注重以结果为导向的管理；有的管理者注重与员工保持密切的日常沟通与联系，有的管理者则注重关键性环节的管理；有的管理者倾向激励式的管理，有的管理者则更倾向高压环境下所产生的工作效率。凡此种种，不一一列举。

在回答本问题时，申请人应当根据自己管理的实际情况以及同事(下属)对自己的主要评价进行回答。申请人应当用概括性的语言来描述自己的主要管理风格以及同事(下属)的主要评价。

对于MBA面试考生而言，本题是一道关键性的面试题目，对于面试考官形成对申请人管理者综合素质的整体印象是比较重要的。因此，考生在回答本题时应当体现出自己的丰富管理经验和较高的管理水平，能够结合企业、行业的特征，说明自己管理风格的合理性和主要优势，进而体现出较为深入的管理思维和管理沟通能力。

清华北大MBA面试问题实例2

【问题】你在企业日常管理中如何激励自己的下属？请结合你的企业管理实践，谈一下你认为可以如何改进你目前所在企业的激励制度？

【考查方向】了解申请人的激励下属能力，进而考查申请人的领导力和成为企业高级管理者的发展潜质。

【解析】作为一名出色的企业管理者,应当能够有效地激励自己的下属,使企业的人力资源获得有效利用,进而推动企业的发展。对于多数企业而言,员工都是企业的核心资源,也是企业发展的关键所在。企业管理实践表明,除了科学的企业发展战略和管理组织架构外,企业的员工士气和创造性也在企业的发展中发挥着关键性的作用。激励下属能力构成了管理者领导力的重要内容,因而也是MBA提前面试考查的重要方面。

【面试指导】一般来讲,企业对员工的激励措施主要包括以下几类:

(1) 目标激励

通过推行目标责任制,使企业经济指标层层落实,每个员工既有目标又有压力,产生强烈的动力,努力完成任务。

(2) 示范激励

通过各级主管的行为示范、敬业精神来正面影响员工。

(3) 尊重激励

尊重各级员工的价值取向和独立人格,尤其尊重企业的基层管理者和普通员工。

(4) 参与激励

建立员工参与管理、提出合理化建议的制度和职工持股制度,提高员工主人翁参与意识。

(5) 荣誉激励

对员工劳动态度和贡献予以荣誉奖励,如会议表彰、发给荣誉证书、光荣榜、在公司内外媒体上进行宣传报道、家访慰问、游览观光、疗养、外出培训进修、推荐获取社会荣誉、评选星级标兵等。

(6) 关心激励

对员工工作和生活的关心,如建立员工生日情况表,总经理签发员工生日贺卡,关心员工的困难和慰问或赠送小礼物。

(7) 竞争激励

提倡企业内部员工之间、部门之间的有序平等竞争以及优胜劣汰。

(8) 物质激励

增加企业家、员工的工资、生活福利、保险，发放奖金、工资晋级等。

> 在对战略规划能力的考核过程中,考官主要关注申请人对企业的市场定位、未来发展规划和竞争优势等方面的考查。

清华北大MBA战略规划能力面试攻略

作为国内顶级院校MBA项目,清华北大MBA考官对申请人的战略规划能力也较为注重。在对战略规划能力的考核过程中,考官主要关注申请人对企业的市场定位、未来发展规划和竞争优势等方面的考查,进而了解申请人的战略全局观和管理者视野等,进而充分了解申请人的管理者综合能力和培养潜力。

清华北大MBA面试问题实例1

【问题】对于一家企业而言,你认为市场份额和利润哪一个指标更为重要?你如何看待近期京东与当当等电商之间的激烈价格战?

【考查方向】了解申请人作为企业管理者对企业核心战略的理解程度和市场分析能力。

【解析】本题是一道典型的企业发展战略问题，要求申请人对企业核心发展战略有较为深刻的理解，能够从企业战略和市场战略的角度审视企业的发展模式，并提出自己的管理见解，因而有一定难度。

在面临激烈的市场竞争时，企业往往选择不同的企业发展战略：一些企业会选择大幅降价，通过牺牲一部分利润甚至暂时承担亏损来换取足够的市场份额，如近期正在大打"价格战"的京东、当当、苏宁易购等电商企业；另一部分企业则坚持以利润为导向，不轻易打价格战，在单位产品利润上始终保持较高的水平，如奥迪、宝马等高档汽车品牌的生产企业。

在回答本题时，申请人应当从市场份额与企业利润之间的辩证关系着手，强调企业经营的主要目标是实现股东权益最大化，因而争取更多市场份额只是手段，上述经营手段是为企业在中长期获得更大经营利润的目标服务的。

清华北大MBA面试问题实例2

【问题】请谈谈你对企业核心竞争力的理解。

【考查方向】考查申请人对企业的战略层次把握，进而考查面试考生的高级管理者发展潜质。

【解析】尽管多数MBA面试考生之前没有担任公司高级管理者的经历，但作为未来的MBA学员，应当具备一定的企业战略把握能力，能够站在公司战略的高度分析企业的核心竞争优势等，而不应当仅将管理视野局限在所在的部门或团队。

企业核心竞争力就是企业长期形成的，蕴涵于企业内质中的，企业独具的，支撑企业过去、现在和未来竞争优势，并使企业在竞争环境中能够长时间取得主动的核心能力。

一般来讲，企业核心竞争力主要包括以下几个方面的内容：

(1) 创新的技术。企业是否具备创新技术往往对其发展有着决定性作用。技术创新,它要求实现的是产品的功能性、独特性以及超越行业平均水平的尖端性。这种独具优势的技术,会为企业带来超过普通企业的客户关注度以及市场广泛度。

(2) 具有创新能力的人才。即便是在信息时代,各种智能化设备的出现大大降低了对人力资源的要求,但是具备创新能力的人才依旧是这个时代不可多得的财富。因为创新技术,最终也必须是有创造才能的人才来完成开发设计。所以,在一个企业中,创新人才始终是一个企业能否引领行业潮流最重要的因素,它是企业构建核心竞争力的必要条件。

(3) 创新的企业文化。企业文化,同样属于抽象意识的范畴,与一些生产要素相比,企业文化的价值往往是很难被评判的,尽管如此,在现代化的企业制度中,企业文化的地位却是被普遍认可和尊重的。

(4) 影响力。在现代社会,品牌影响力意味着财富的积聚程度,拥有广泛影响力、口碑良好的品牌对企业的发展有着至关重要的作用。品牌的建立是一条漫长积累的道路,但是毁灭品牌却是朝夕之间的事,所以,品牌影响力的打造,需要企业长期的坚持。

(5) 核心竞争力为主的战略导向性建设。确定以核心竞争力为基础的战略规划。核心竞争力的构建是一个漫长持续的过程,它不是指某一项技术上的优势,它需要支撑企业在其持续发展过程中有占据竞争优势的能力,所以,在进步中不断完善,是企业打造核心竞争力必经的历程。

(6) 定位企业的突破口。当企业发展陷入困境时,找准突破口,能够帮助企业快速打开僵局。对于企业来说,突破口的选择并不是一件简单的事情,企业需要寻找一个有成长空间的领域作为自己的突破口。成长空间,意味着可以以此为基础延伸企业的核心竞争力。

(7) 核心技术与培养创新能力。核心技术,始终是核心竞争力培养的重中之重,品牌战略、营销方案、融资能力等都与核心技术密切联系。在开放的市场环境下,要取得一项核心技术并不容易,基本上都需要通过内部研发完成。所以，核心技术与创新能力是两个不能分割的方面，一个企业有创新能力和创新条件，那么才有核心技术出现的可能。

(8) 企业的资本运行能力。资本市场是市场经济发展的另一个阶段，在资本市场的环境下，企业自身是否具备足够的资产，以及是否具备向外界融资的能力，也是我们判断一个企业是否具备竞争力的重要条件。

> 对于压力面试问题而言,与考生的具体回答内容相比,面试考官往往更关注考生的临场反应,尤其是第一反应。

清华北大MBA压力面试环节面试攻略

压力面试是MBA面试的重要环节,在面试中发挥重要作用,也是清华北大MBA面试考官非常愿意选择的面试方式和面试角度,该环节往往决定了整场面试的成败,也是MBA面试考官所非常关注的面试环

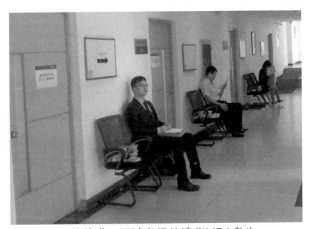

等待进入面试考场的清华MBA考生

节。在MBA考场上,很多面试考生由于在压力面试环节中不能有效地应对压力面试,缺乏承受压力面试的临场素质和相关应对技巧,导致严重影响面试的整体表现。

作为一名具备上述优秀管理者综合素质的面试考生,在承受较大的压力或挑战时,应当具备临危不乱、有效应对的能力。

对于MBA面试考官而言,在进行压力面试时,首先关注的并非是考生回答面试问题的具体内容,而是面试考生在面对压力问题的临场反应和快速分析问题的能力,进而考查考生的管理者综合素质和职业感。

我们可以试想一下,对于一名具有较为丰富的企业管理经验、曾处理过很多企业复杂事务的高素质面试考生而言,在面对压力面试问题时,通

常都可以从容应对，给出较有条理的回答，有效应对挑战。反之，对于一名管理资历尚浅、缺乏高级管理者发展潜质的考生而言，在遇到压力面试问题时，往往会出现慌乱、不知如何回答的局面。

因此，在MBA面试考场中，当遇到压力面试问题时，考生应当首先做到临危不乱，表现出较高的职业成熟度，而决不能出现紧张、慌张的面试表现。换言之，对于压力面试问题而言，与考生的具体回答内容相比，面试考官往往更关注考生的临场反应，尤其是第一反应，因而考生应当注意自己在临场时表现出从容、镇定。

除了临场反应，面试考生还应当对压力面试问题尽力给出令考官满意的回答。这里需要注意的是，绝大多数压力面试问题都有很高的回答难度，因而考生在回答压力面试问题时，不必求全责备、苛求完美，只要结合自己的企业管理经验和对相关管理问题的认识进行回答即可。在回答压力面试问题时，要尽量体现出条理性，避免出现思路混乱的回答。同时要尽力体现出管理者的综合素质，从一个企业管理者的高度来分析和解决相关问题。

清华北大MBA面试问题实例1

【问题】请描述一下你的主要缺点。

【考查方向】全面了解面试考生的自身评价，并考查面试考生的快速反应能力和语言组织能力。

【解析】在回答本面试问题之前，作为MBA提前面试考生，应当首先认识到，作为一名较为年轻的管理者，在职业发展生涯中，不可能在每一方面都做到尽善尽美。从个人的角度出发，各方面的管理能力是一个逐渐完善的过程，需要不断积累管理经验，并从自身的管理实践中总结出有效的管理方法。因此，在管理中的一些方面——例如与客户的沟通、部门的协调、对下属员工的有效监督等方面——都会存在或多或少的不足，作为

MBA提前面试考生，完全没有必要刻意掩饰自己的缺点，而应当结合自己的职业生涯和企业、行业背景，客观地指出自己在管理中的主要劣势和不足并加以冷静地分析，指出导致上述不足的主要原因和自己未来的发展规划，给面试考官留下较好的印象。

同时，面试考生还应当注意，在客观地指出自己的不足和缺点的同时，还要注意避免提及严重违背MBA招生录取倾向的个人特质，尤其是未来的管理生涯中很难通过自身的努力和管理经验的积累而加以改变的个人特点。

清华北大MBA面试问题实例2

【问题】如果你的下属越级向你的上级领导反映问题，你将如何进行处理？

【考查方向】考查申请人对企业管理中的重要沟通问题的有效处理能力，进而考查申请人的企业领导力水平。

【解析】在解决该企业管理沟通中产生问题时，作为一名高素质的企业管理者，应当就具体情况加以区别对待：对于自由于员工表达意见信息渠道不畅所导致的越级汇报，应当通过建立更为合理、有效的意见交流机制或汇报机制来确保员工可以及时将信息提交到自己这里，而不需通过越级汇报这一极端方式来加以解决，确保企业管理决策的正确性；对于员工对自己缺乏信任或希望博得上级领导的好感的情况，则应当通过充分说明越级汇报的弊端或建立科学合理的惩罚机制来避免上述情形的发生，也可以通过改善员工关系、增强与下属之间的信任来加以有效解决。

清华北大MBA面试问题实例3

【问题】如果你的上级要求你负责的团队在三天内完成一项重要工作，但该项工作通常需要一周左右时间才能完成，你将如何处理？

【考查方向】考查申请人的管理效率水平和团队组织协调能力。

【解析】在本面试问题的回答过程中，考生应当充分体现出自身的领导水平和管理组织能力。在具体的措施上，可以考虑以下举措：首先，向团队说明本项工作的重要性，如对于公司发展、部门业绩提升、关键客户拓展的重要意义；其次，通过有效的激励措施，如语言激励、与工作业绩挂钩、实行奖励制度等，充分调动下属员工的工作积极性，进行有效的动员；再次，可以通过合理的工作安排，根据每个员工的特长和工作特点安排最合适的工作，使每位员工的工作热情和工作能力获得最大程度发挥，同时建立有效的沟通协作机制，使项目推进过程中遇到的问题得到及时解决，避免对项目进度的延误；最后，还可以考虑建立有效的进度时间表，确保各个阶段的工作在预定时间内完成。

总之，面试考生应当结合自己以往的管理工作实践经验和所在行业、企业的特点，制订有效的解决方案，使面试考官充分了解面试考生的优秀管理能力和管理潜质。

清华北大MBA面试问题实例4

【问题】如果在公司一次重要会议上，你坚信自己的意见是对的，但是会上绝大多数人都反对你的意见，你会如何处理？

【考查方向】考查申请人的意志力、管理沟通能力和团队协调能力。

【解析】本道压力面试题目主要考查申请人在处理两难困境时的决断能力和处理能力，以及能否做到原则性与灵活性的有机统一。

对于本道压力面试问题，考生首先应当简要说明当时的情境、决策事项的重要性以及做出错误决策可能带来的损失等背景情况。进一步地，考生应当综合考虑自己意见的重要性、错误决策的损失情况和团队协调的重要性，理性地做出决定。具体来讲，如果自己的观点有充足的理由和合理性，同时如果该项决策错误，将给企业带来重大损失，则应当坚持自己的观点；如果属于一般性的决策事项，抑或自己也没有较大的把握确定自己观点的正确性，则可以明确陈述自己的观点、理由和考虑，同时可以适当地做出妥协，甚至可以服从集体的意志，体现出较大的灵活性和团队精神。

　　同时，考生还应当注意，在回答本类面试问题时，应当避免过于极端的回答。例如回答自己会绝对坚持自己的观点，而不顾其他同事、领导的观点和看法，抑或轻易地放弃自己的正确观点，服从他人的意志。

> 申请人能否通过MBA项目的系统、深入培养，真正提升管理综合能力，同时通过未来较为成功的职业发展证明本校MBA项目的培养价值和培养水平，是清华北大MBA面试考官关注的一个核心问题。

清华北大MBA培养价值考评环节面试攻略

申请人攻读本校MBA项目能否给其带来实质性的帮助，换言之，申请人能否通过MBA项目的系统、深入培养，真正提升管理综合能力，同时通过未来较为成功的职业发展证明本校MBA项目的培养价值和培养水平，是清华北大MBA面试考官关注的一个核心问题，其对最终的面试结果发挥着重要的影响。

同时，结合申请人目前的企业背景、行业背景、职位背景及工作年限等信息，申请人目前攻读清华北大MBA是否是最佳的时机和阶段，也是两校MBA面试考官非常关注的一个问题。

清华北大MBA面试问题实例1

【问题】你认为我们的MBA项目培养会对你未来的职业发展有哪些帮助？

【考查方向】考查面试考生对MBA项目的了解程度以及MBA项目对考生未来职业发展的价值。

【解析】本题从表面上看是在考查申请人对所报考MBA项目的了解程度，从更深层次来看，本质上是考查申请人是否适合攻读所报考的MBA项目，亦即所报考MBA项目能否给申请人的未来职业发展和自身管理者综合素质带来足够的提升，从而证明所报考MBA项目的品牌价值。

在回答本问题时，申请人应当着重突出通过所报考MBA项目的系统培养与自己管理经验的有机结合，全面提升自己的管理者综合水平，为未来担任更为重要的企业中高级管理职位打下坚实的基础。

具体而言，申请人可以考虑突出所报考MBA项目在以下几个方面的培养价值：(1)获得系统的管理知识；(2)提升自身的领导力水平；(3)获得优秀的校友人脉资源；(4)深入企业进行案例研究和管理方式研究的企业实践整合课程；(5)获得全球化的视野和海外交换学习机会；(6)培养自身的企业家社会责任感，未来作为企业家，在自身职业和财富获得发展的同时，为社会作出更大的贡献，成为一名具有高度责任感的企业家。

清华北大MBA面试问题实例2

【问题】你目前所从事工作的职位和薪酬水平都比较理想，为什么选择在职业发展的现阶段攻读MBA？

【考查方向】了解面试考生攻读MBA的真实动机和选择攻读MBA的合理性。

【解析】报考MBA会基于不同的目的和动机，如获得系统的管理知识、提升管理综合能力、获得更为宽广的人脉网络等。在回答本面试问题时，考生应当结合自己的行业背景、职位情况和未来职业发展规划，坦率地陈述自己在职业发展现阶段选择攻读MBA的原因和MBA对自己的主要帮助，使面试考官充分了解面试考生读MBA的合理性和对未来职业发展的主要帮助。

> 除了各个具体方面的背景情况和个人管理能力外,面试考生所体现出的综合素质表现也对面试的最终成败有着决定性的影响。

清华北大MBA面试考官所倾向的整体素质表现

在MBA面试中,除了各个具体方面的背景情况和个人管理能力外,面试考生所体现出的综合素质表现也对面试的最终成败有着决定性的影响。我们下面所要系统分析讨论的就是,在MBA面试中,考生应当体现出哪些方面的综合素质,以及应当避免表现出哪些方面的综合素质。

1. 沉稳、内敛、务实的个人气质

作为国内最顶尖的商学院,MBA项目对录取考生的综合素质有较高的要求,在面试中,考官一般比较欣赏有着沉稳务实态度的考生。对于一位有着较为丰富的管理经验、具备成为未来企业优秀中高级管理者发展潜质的考生而言,其言谈举止应当显现出较为成熟、稳重的气质,同时具备较高的职业感,体现出职业经理人的各项素质。

在面对各类面试问题(尤其是压力面试问题)时,面试考生应当充分体现出一名成熟的企业管理者所应有的沉稳态度,做到临危不乱,能够根据考官提出的问题,结合自己的企业管理经验和对管理问题的分析思路,有条理地提出自己的管理分析方法和解决方案。

在MBA面试中,切忌显露出过于张扬或浮躁的个人气质,因为这样的气质不符合一名成功企业家所应具备的基本素质。同时,也要注意体现出较高的职业感,而不要显得过于胆怯或紧张,要体现出能够面对高强度压力的能力,并且针对棘手的问题提出有效的解决方案。

2. 对企业管理问题有较为深入的理解和思考,有一定管理高度

作为MBA申请人,应当对企业管理问题有较为深入的认识和理解。具体而言,面试考生应当结合自己的企业管理经验和对现代企业管理问题的认识,对相关的问题提出有深度的见解,体现出较高的管理者综合素质,而切忌肤浅的认识和评价。

在回答考官提出的有关企业管理的具体问题时,面试考生的应对策略是,基于自己以往的管理经验和管理感悟,充分结合自己的行业领域和企业特征,适当举出自己接触过的相关管理事例和解决方法,从一个有较深管理阅历的企业管理者的高度,对相关企业管理问题加以分析和解决。

要体现出一定管理高度,切忌脱离自己的实际工作经验和行业领域盲目空谈,好的面试策略通常应当是结合自己的实际管理经验和行业中相关现实,加以深入分析和解决。在体现出一名具备优秀管理潜质考生的丰富管理经验和管理阅历的同时,体现出面试考生敏锐的分析问题能力和较为深入的管理问题分析思路,以获得面试考官的高度评价。

综上所述,在MBA面试中,面试考生不应当空洞地或泛泛地回答面试管理问题,而应当基于一名优秀的企业管理者或具备高级管理者发展潜质

的自身定位,对相关问题从较高的管理高度加以分析和解答。如果只是将自己定位为一名企业普通员工,既缺乏实际管理经验,也缺乏对管理问题的深入认识,则很有可能导致面试的最终失败。

3. 对自己的管理职能领域有较为准确的定位

作为MBA申请人,必须对自己的以下几个方面的职能定位有较为清晰的认识和把握:(1)申请人的主要管理职能和职责;(2)申请人在部门管理架构中所处的位置;(3)申请人目前的管理职能主要基于申请人的哪些管理优势(如客户沟通能力、团队组织能力、项目协调能力和战略规划能力等);(4)申请人的管理职能在整个部门和整个公司的业务体系中所起的作用;(5)申请人的未来管理职能发展方向和领域(如向市场总监或部门高级主管方向发展)。

在名校面试中,面试考生应当突出自己对自身管理职责的准确定位,进而体现出自己的企业管理才能和管理业绩,向考官证明自己的出色的高级企业管理者发展潜质。

在企业职场的实践中,由于很多企业对相关职位的权责规定不是很明确,一些职位存在跨部门、跨领域的问题,这给面试考生准确定义其管理职责带来了困难。尤其是在一些中小型企业中,一些管理者往往需要身兼数职,例如同时负责行政事务和人力资源管理工作。此外,在一些大型企业中,也存在类似的管理职责划分不清的问题。例如,一位清华MBA考生在IBM公司工作,其主要工作职责是对各员工的经营业绩情况进行统计分析,并提出相应的员工绩效改进方案和建议,则他的管理职能领域同时涉及供应数据分析和人力资源管理两个领域,给自身确定清晰的管理职能定义增加了困难。

但是,如果考生在面试中体现出对自己的具体管理职责、权限和管理价值存在定位不清的问题,则很有可能导致面试的失败。因此,面试考生在参加面试以前一定要对自身的管理职责情况做出清晰的分析和定位，使自己的职责权限更为清晰，为成功通过面试打下坚实的基础，避免出现上述职责权限不清的严重问题。

4. 对自己的职业发展规划较为清晰、科学

如前所述，MBA面试考官对申请人的未来职业发展性是非常关注的。换言之，两校的MBA面试考官希望所录取的考生具有很强的职业成长性，能够通过MBA的系统培养，在毕业后获得较大的职业发展和职位的提升，进而体现两校MBA项目的培养价值，提升MBA品牌的社会影响力和声誉。

反之，如果面试考生在以往的职业发展生涯中，其职业发展路径较为混乱、缺乏管理职位的提升或未来的职业发展规划(包括读MBA的作用)模糊不清，则很有可能导致面试的失败，错失MBA的录取机会。

5. 有较好的职业感和管理者综合素质

在MBA面试中，面试考生具有不同的行业背景，工作年限、管理职位也各不相同。但是，总的来讲，两校的面试考生在面试中应当体现出较好的职业感和职业综合素质，体现出一名相关行业的优秀管理者所应体现的精神面貌。

从MBA面试考官的角度来讲，一般希望所录取的考生在对行业的理解、企业管理经验的梳理和语言的组织，乃至语气、坐姿和沟通方式等，都要体现出一名优秀青年企业管理者所应具备的综合素质。

反之，如果考生在面试中缺乏职业感，表现得非常不成熟，或缺乏一名企业领导者所应具备的风范，则对面试申请将非常不利。

此外，良好的职业感和管理者综合素质还体现在对难度较高的压力面试问题的承受能力上，面试考生在回答这类问题时应当体现出临危不乱、淡定从容和自信的应对态度，而不应当出现慌乱的情形。

6. 优秀的语言表达能力和沟通能力

MBA项目的定位是培养未来的企业中高层管理者。我们知道，从事管理工作，良好的沟通能力无疑是必不可少的。无论是对下属管理、控制，还是对上级领导的汇报和与客户的沟通、协调，都需要良好的语言沟通能力。一名优秀的企业家往往具有出众的语言交流能力，能够有效地将自己的管理思想和目标意图与相关方面进行有效的沟通和传达。

同时，语言沟通能力也反映了面试申请人的逻辑分析能力和思考深度，良好的沟通能力离不开对问题的深入理解和把握。

具体而言，在面试中，为了体现出较为出众的管理沟通能力，面试申请人应当注意以下几个方面。

(1) 准确把握面试考官提出的面试问题和所希望了解的方面，领会面试考官的真实意图。例如，当考官问及："如果今年MBA项目的学费涨到40万，你还会选择攻读我们学校的MBA吗？"这一面试问题从表象上看，是询问面试考生对MBA学费的承受能力和看法，但更深层次所要考查和了解的是面试考生是如何看待MBA项目的价值的，亦即考生认为攻读MBA可以给自己带来哪些价值、对自己有哪些方面的提升。从根本上讲，面试考官提出上述问题的目的在于了解考生在职业发展的现阶段攻读MBA是否会对自身有较大的帮助、是否具有合理性。相应地，面试考生在回答该问题时，如果仅从表象上加以回答，即只谈论对学费金额的看法，而缺乏对MBA项目对自身价值的分析和评价，以及自己如何看待MBA项目对自身的影响和与职业发展规划的联系，则显然没有领会面试考官的真实意图，从而很难令考官满意，对最终的面试成绩也不利。

(2) 注意语言组织的条理性和逻辑性。在回答面试考官的问题时，切忌思维混乱、缺乏条理性。作为一名优秀的企业管理者，对于各类问题应该做出较为全面的分析和判断，并相应给出解决方案。对潜在的问题和可能出现的情况，也要做出合理的分析和评估。

(3) 语言交流方式应当符合企业管理者和商学院申请人的语言要求，切忌过于口语化或随意的语言风格。在MBA面试中，申请人具有不同的企业背景，有些申请人来自外企，有些则来自国企或民营企业。显然，不同的企业在交流方式和语言风格上存在一定的差异。例如，国企背景考生的交流方式通常较为内敛、含蓄，外企的交流方式则往往比较直率、风趣幽默。此外，不同的职能背景，对语言交流方式也有一定影响，例如，财务部门的管理者通常较为保守，在语言交流上注重客观数据和相关依据，相比之下，营销部门的管理者则往往在表达上更具主动性和说服性。总之，不同职业背景的面试考生在语言交流习惯上往往存在一些差异，但是，在面试中，应当注意商学院的交流习惯和考官倾向的语言风格，尽量体现出一名成熟、稳重的管理者所应具备的交流能力和语言风格。

(4) 语言应当具备一定的亲和力和感染力。作为一名优秀的企业管理者，在于同事、下属或客户进行沟通时，通常能够有效地达到自己的交流目标，如激励团队士气、说服客户或交流意见等，这些目标的达成离不开语言本身的亲和力，使语言交流对象乐于倾听，并最终达到交流的目标。因此，在MBA面试中，面试考生要避免语言过于冷漠、生硬，而应当通过乐于交流、分享的态度，使考官看到自身良好的沟通能力。

此外，为了增加语言的感染力，在面试时，也可以加入适当的肢体语言，如简单的手势等。但要注意适度，适当的肢体语言会帮助面试考生进行更为有效的沟通，增强面试考官对自己的关注度和理解程度，而过度使用肢体语言则反而会导致考官的反感。

(5) 注意面试的语言节奏。具体而言，面试考生应当努力避免以下两种极端情况：一是语速过快，增加面试考官的理解难度。同时，语速过快也容易减少考生的思考时间，不利于针对面试问题进行优秀的分析和解决。此外，一般来讲，在听到面试考官提出的面试问题后，考生应当思考一秒钟左右再做回答，而不应当不假思索地在考官话音未落时即急于回答。二是语速过缓，语言拖沓。这通常与面试考生日常的语言习惯有关，在面试中应当注意加以克服，在有限的面试时间内与面试考官进行充分的沟通。

7. 出众的领导能力和高级领导者潜质

如前所述，MBA培养的主要目标是培养未来的商界领袖、企业精英，因为，具备出众领导能力和领导者潜质的考生通常会获得面试考官的青睐。我们不难理解，一名具备上述能力和综合素质的面试考生，在与他人交流时，往往能够站在管理者的高度和角度看待问题，并能够有效地对管理目标和相关人员进行管理控制和影响，对企业的发展战略和市场发展趋势有较为深刻的理解，这些方面的素质是MBA面试考生在面试中尤其需要重视和加以体现的。

8. 勤奋、务实

作为国内顶尖和最具影响力的商学院，MBA的面试考官对录取考生的整体素质有较高的要求。在各项总体要求中，一个重要的方面就是要求考生是一个勤奋、务实的人。具体而言，两校MBA项目的面试考生倾向于录取具有较强的进取心、事业心的考生。

因此，在面试中，考生应当体现出以下个人素质特征：(1)工作勤勉、负责，具有积极进取的工作态度，对未来的事业发展和个人能力具有较大的信心；(2)具有务实的工作态度，注重脚踏实地的工作方式，并有着明确的发展目标。

相应地，在MBA面试中，考生应当尽力避免出现懒散、不思进取或浮夸的个人素质。上述特征和个人气质往往会引起面试考官的负面评价，对申请非常不利。

第八章
MBA联考笔试备考攻略

> 由于联考笔试是最终成功考取清华北大MBA的必经阶段,因而对于准备申请清华北大MBA的申请人而言,除了提前面试外,对于联考笔试也应当引起高度的重视。

清华北大MBA联考笔试综述

正如前文我们所提到的,自清华北大MBA从2010年实行提前面试改革以来,报考清华北大MBA的申请人需要首先通过清华北大MBA组织的提前面试,在通过提前面试后,即获得清华北大MBA的"条件录取"资格。之所以称为

"条件录取"资格,是因为这些通过提前面试的清华北大MBA考生还需要通过国家的联考笔试,否则不能被清华北大MBA正式录取。

因此,联考笔试就是顺利考取清华北大MBA的最后一关,也是必不可少的重要环节。需要注意的是,虽然清华北大MBA在提前面试阶段的选拔较为严格,获得条件录取资格的考生在综合素质、学习能力等方面都比较优秀,但由于必须通过每年一月份的国家联考笔试,每年仍有相当一部分已通过清华北大MBA提前面试的考生在获得条件录取资格后,因为未通过一月份国家联考笔试而与清华北大MBA失之交臂。

实际上,正是因为每年都有一部分获得条件录取资格的清华北大MBA

考生因为未通过一月份国家联考笔试而未被录取，清华北大MBA在提前面试阶段均设置了"递补机制"，即在提前面试阶段除了给予符合面试要求的考生"条件录取"资格外，还会给予一部分各方面条件稍逊于条件录取的考生以"递补录取"的资格，即把在联考笔试阶段未通过的条件录取资格考生所剩余的录取名额转给这部分递补录取资格考生。

从每年清华北大MBA录取的实际情况来看，之所以每年都有一部分条件录取考生无法顺利通过一月份联考笔试，主要是由于以下几方面原因。

首先，清华北大MBA提前面试一般在每年6月左右开始进行并分批次举行，一般会举行至每年的11月甚至12月，从而对于清华北大MBA申请人而言，一般在获得条件录取资格后，往往所剩余的笔试准备时间相对并不充裕，而联考笔试如果没有足够的时间投入往往很难取得理想的成绩。

其次，如前所述，清华北大MBA在提前面试阶段对申请人的职业背景非常关注，获得条件录取资格的考生往往有较为深厚的职业背景，很多都在企业中担任重要管理职务，如财务总监、营销总监等，因而日常工作较为繁忙，很难保证充足的笔试准备时间。尽管上述条件录取考生一般个人工作能力和学习能力较强，但由于在笔试准备时间上无法保证，从而很多考生无法通过。

最后，清华北大MBA在提前面试阶段录取的很多条件录取考生，由于大学毕业时间较长且较少接触英语，加之英语基础较差，通过有限时间的备考准备，在严格的国家联考笔试的英语科目中无法通过分数线。

综上所述，由于联考笔试是最终成功考取清华北大MBA的必经阶段，因而对于准备申请清华北大MBA的申请人而言，除了提前面试外，对于联考笔试也应当引起高度的重视。

> 为了确保最终顺利考取清华北大MBA，应当在开始准备提前面试的同时，同步进行MBA联考笔试的准备，而不要等到通过清华北大MBA面试并获得条件录取资格后再着手进行。

MBA联考笔试备考策略指导

我国MBA联考笔试包括两个科目，分别是管理类联考综合科目(以下简称"综合科目")和英语科目。其中，综合科目包括数学、逻辑和写作三个部分，考生需要熟练掌握相关的数学知识、逻辑知识和写作知识。英语科目则要求考生具有相应的英语阅读能力、翻译能力和写作能力。

从以往的清华北大MBA考生的实践情况和备考经验来看，可以总结归纳出以下几个方面的基本经验。

1. 联考笔试与清华北大MBA提前面试同步准备

为了确保最终顺利考取清华北大MBA，应当在开始准备提前面试的同时，同步进行MBA联考笔试的准备，而不要等到通过清华北大MBA面试并获得条件录取资格后再着手进行。

通过联考笔试与清华北大MBA同步准备的备考策略，将主要带来以下两方面的优势。

首先，可以确保充足的笔试准备时间。如前所述，MBA联考笔试需要对逻辑、数学、写作和英语等学科领域知识的掌握，需要投入足够的时间、精力进行系统学习。如果等到清华北大MBA面试通过再投入国家联考笔试的准备，往往所剩时间不多，通过关键性的国家联考的风险较大。如果在准备清华北大MBA提前面试的同时，拿出适当的时间进行联考笔试各个科目的学习，则有助于确保充足的学习时间，增加联考笔试顺利通过的把握。

其次，MBA联考笔试是一项系统过程，考生一般需要通过阶段性的学习不断提升自己的应试能力，为笔试成绩的全面提高奠定坚实基础。选择笔试、面试同步准备的备考策略，可以更为系统地进行联考笔试的复习。

2. 制订严谨、科学的笔试备考时间表

制订一套符合自己的学习进度、学习习惯和基础知识掌握情况的笔试备考时间表有助于确保笔试准备的顺利进行。一般来讲，对于准备申请清华北大MBA的考生而言，可以参考以下MBA联考笔试备考时间进度。

第一阶段：基础知识准备阶段。

该阶段通常在2—4月进行，主要侧重MBA联考笔试所需的基础知识的储备。具体包括以下几个方面的备考和准备：①英语单词的复习。联考英语考试，积累足够的词汇量是关键，通过该阶段的英文词汇强化，为后面的英语笔试相关内容(如阅读、翻译和写作等)打下坚实基础；②逻辑基本知识点和形式逻辑基本公式的初步学习，为逻辑科目的深入学习奠定基础；③数学公式的全面复习，MBA联考笔试综合科目的数学部分主要涉及解析几何、立体几何、函数和数列等相关知识，这部分知识内容一般在之前都曾经学过，通过该阶段的系统复习，主要目的在于使上述知识内容获得系统、全面的掌握。

第二阶段：系统强化阶段。

该阶段通常在5—10月进行，主要通过系统的学习，全面掌握MBA联考

笔试所需的知识内容，基本达到考试要求。在该阶段，应当结合辅导机构的相关课程，进行联考笔试各个科目的全面深入学习，并具备对联考各个题型的全面了解，同时逐步形成对联考各个科目的综合应试能力。

第三阶段：模考冲刺阶段。

该阶段通常在11—12月进行，通过模拟考试来对联考各科知识点进行查漏补缺，全面提高笔试成绩，进行考前的最后冲刺，达到考前热身的效果，锻炼自己的笔试临场经验，确保顺利通过MBA联考笔试。

3. 通过清华北大MBA面试后立即全身心投入联考笔试的备考

对于准备考取清华北大MBA的考生而言，笔试备考大致可以分为两个主要阶段。在获得清华北大MBA条件录取资格之前，采取联考笔试与面试同步进行的准备策略；待清华北大MBA提前面试通过后，则考生的核心工作由面试转移到笔试，相应地，将全部时间和精力投入到笔试的复习当中去。但需要注意的是，在通过面试以前，也不能过于忽略笔试的备考，因而面试通过后时间较为紧张，全面准备往往依赖于通过面试前对联考笔试之前的深入、系统准备。

一方面，考生应注意确保有足够的做题数目和解题速度，全面、深入掌握数学科目各知识点的应用，同时确保在考试规定的时间里完成试卷中的相关题目；另一方面，要保证解题的正确率，避免因为过于追求解题速度和解题量，导致解题的错误率过高。

MBA联考综合科目备考指导

MBA联考综合科目包括数学、逻辑和写作三个部分，下面我们分别对上述三个联考综合科目的上述三个部分的备考进行指导。

1. 数学部分

MBA联考数学部分的考试内容包括代数、解析几何、立体几何、平面图形和概率等方面的知识点，主要考查考生的运算能力、逻辑推理能力、空间想象能力和数据处理能力，通过问题求解和条件充分性判断两种形式来测试。

在对MBA联考数学部分进行备考时，建议按照以下三个阶段进行。

第一阶段：知识点复习阶段

MBA联考数学部分考查的知识点中，通常在高中阶段和大学阶段都学习过，但由于攻读MBA的人士均为在职人士，加之MBA联考综合科目数学部分对运算解题能力提出了较高的要求，考生首先需要做的是用1～2个月的时间恢复上述考点的了解和掌握，

尤其是数学部分的基本公式,为后面阶段的数学备考打下坚实基础。

在该阶段,考生应当以恢复对MBA联考数学部分所涉及的知识点的掌握为主,而不要急于大量做题。

第二阶段:知识点应用阶段

在这一阶段,考生应当将主要精力用于将前一阶段所熟悉的知识点加以运用上。具体而言,应当通过大量解答数学科目相关例题、习题和历年真题,全面提高自己的知识点运用能力和解题能力。

该阶段非常重要,这是因为,由于MBA联考的考试时间比较有限且数学题目对考生的运算和逻辑推理等的速度提出了较高的能力要求,大量做题是获得理想数学科目成绩必不可少的步骤。

在该阶段的备考过程中,一方面,考生应注意确保有足够的做题数目和解题速度,全面、深入掌握数学科目各知识点的应用,同时确保在考试规定的时间里完成试卷中的相关题目;另一方面,要保证解题的正确率,避免因为过于追求解题速度和解题量,导致解题的错误率过高。

这一阶段一般需要2～4个月的时间来加以分成,是构成数学科目备考的核心阶段。

第三阶段:知识点梳理和总结阶段

在经过对知识点的复习和大量的解题训练后,考生应当进一步在之前复习备考的基础上,总结出一套有效的解题方法和解题思路。该阶段一般需要一个月左右的时间来加以总结、梳理。

第四阶段:强化模拟训练阶段

在临近考试的最后1～2个月,考生应当通过解答成套的模拟试题或往年真题,提高自己的整体应试能力,同时充分熟悉联考数学科目的题型和试卷结构。

2. 逻辑部分

综合能力考试中的逻辑部分主要考查考生对各种信息的理解、分析、判断和综合，以及相应的推理、论证、比较、评价等逻辑思维能力。

一般来讲，联考综合科目逻辑部分的考试内容可以划分为"形式逻辑"和"批判性思维"两部分。对于形式逻辑部分，应当注重掌握基本的逻辑推理公式，如假言命题、选言命题、联言命题、直言命题和三段论等的基本逻辑关系公式和基本逻辑概念。只有在准确掌握上述逻辑推理公式的前提下，才能有效地进行解题。解答形式逻辑题型的关键是将逻辑题目的自然语言转换为逻辑基本关系，并进而基于逻辑推理基本公式得出相应的结论。对于批判性思维部分，则应当通过大量的解答相关逻辑题目来提高自己的应试能力，充分熟悉诸如假设、支持、削弱、评价等批判性思维基本题型的解题方法和解题思路，锻炼自己快速抓住题目主旨并提炼出基本逻辑关系的能力。

3. 写作部分

在联考综合科目的试卷中，写作部分包括两道大题，分别是"论证有效性分析"和"论说文"。

论证有效性分析试题的题干为一段有缺陷的论证，要求考生分析其中存在的问题，选择若干要点，评论该论证的有效性。考生需要针对题目论证中的逻辑漏洞分别加以分析和阐述，同时得出相应结论，写出一篇600字左右的批驳性的文章。

该类写作题型的分析要点是：论证中的概念是否明确，判断是否准确，推理是否严密，论证是否充分等。文章要求分析得当，理由充分，结构严谨，语言得体。该题型的思路过程是：先找出题干中的缺陷(一般题干中会存在7~8个错误，考生最少要找出4~5个错误)，再将这些缺陷进行分析评述。其写作过程为：可采用总—分—总的结构；文章标题很重要，要占2分，所以一定不能漏掉。开头段要点题，概括原文的论证过程和结论，表明自己的立场和态度。中间段对这4~5个缺陷进行评述，要言之有据、言之有理、言之有序。注意语言要简洁、准确。结尾段扣题、总结。要有力度，能够和开头段进行首尾呼应。高度概括本文的中心思想和观点。

联考综合科目写作部分中的论说文题型中，具体的考试形式有两种：命题作文、基于文字材料的自由命题作文。每次考试为其中的一种形式，要求考生在准确、全面地理解题意的基础上，对命题或材料所给观点进行分析，表明自己的观点并加以论证。

论说文的论证方法是揭示论点与论据之间必然联系的推理手段，它同形式逻辑的推理方式有着密切的联系，但是又不尽相同。论证方法有很多种，在写作中可根据论点与论据的不同特点，使用相应的方法。论证方法主要有以下几种形式。

(1) 演绎法

根据已知的一般性原理、原则，推断证明某个具体论点的方法叫演绎。演绎法同归纳法正好相反，它是从一般到个别、从普通到特殊的推理方法。

(2) 归纳法

举出许多事实，经过归纳，证明一个一般性结论的方法叫归纳法。这是由个别到一般的推理方法。

(3) 比喻法

运用比喻手法证明论点，一般是用人们容易理解的具体事物或道理来解释较为深奥的事物或道理。用比喻法不能直接论证，但"喻巧而理至"，恰到好处的比喻能把论点阐述得更为清楚透彻。

(4) 分析法

对所论述的问题进行剖析、分解，以揭示论点与论据之间的内在联系。

(5) 反驳法

揭露和批驳对方的谬误称为反驳，也称为驳论。反驳也是一种证明，就是证明对方的观点是错误的，从而树立起自己的正确观点。这种推理的方法也被称为反证法。

(6) 类比法

就是同类事物进行比较，用同论点在本质属性上基本相同或相似而又知道其结果的事物作论据，通过类比证明论点的方法。这是一种形象化的从个别到个别的推理方法。

(7) 引证法

引证法又称"事例论证"或"引证论证"。这是以理论性论据证明论点的方法，从思维方式来看，是一种由一般到特殊的推理方式。

(8) 归谬法

先假定对方的论点是正确的，然后再以之为前提，进行合乎情理的引申，最后得出一个十分明显而荒谬的结论，从而驳倒对方的观点。运用归谬法推理应当注意：不可偷换概念、引申必须合理，引申出的结论必须具有十分明显的荒谬性。归谬法是将对方论点的错误进行合理地"放大"，并推向极端，使之暴露全部的谬误、荒唐而不攻自破。这实际上是一种以退为进的方法。

论说文的论证结构主要有以下4种。

(1) 总分式

这类论说文一般开门见山地提出全文的主旨，即总论点，而后分几个小论点去论证总论点。

(2) 递进式

这类论说文在论述论点时，由小到大、由浅入深、层层推进、步步深入，分析缜密，论证有逻辑性。

(3) 烘托式

这种结构指的是在论证中，把两种事物(或道理)加以对比，或者是用这种事物(或道理)来烘托另一种事物(或道理)。运用此类论证结构方式，目的是通过两个方面的对照，突出说明其中一个方面的正确性，即对一个方面作重点论述，而另一方面起烘托、陪衬作用。

(4) 并列式

并列式结构指的是在论证中，文章的几个层次、段落之间的关系是平行的。

> 在联考英语备考过程中，应当首先注重英语词汇量的积累，考生掌握的英语词汇量直接决定了英语阅读速度和理解能力。

MBA联考英语科目备考指导

MBA联考英语科目对于很多已获得条件录取资格的清华、北大MBA考生而言非常关键，尤其是对于英语基础相对较差或大学毕业后长期不接触英语的考生。

在联考英语备考过程中，应当首先注重英语词汇量的积累，考生掌握的英语词汇量直接决定了英语阅读速度和理解能力，而英语翻译和写作等英语考试题型也离不开英语词汇量的支持。

其次，考生在MBA联考英语科目的备考过程中，应当着重强化自己的英语阅读能力。具体而言，应当主要提高以下两方面的能力：一是英语阅读速度。MBA联考英语科目的英语阅读量较大，考生应当通过相当数量的英语短文的阅读来不断提高自己的阅读速度，能够在相对有限的时间里把握住文章的主旨和关键性的信息。二是提高自己的解题正确率，通过阅读训练使自己的解题正确率不断提升，掌握相关的阅读答题技巧。

第三，考生应当充分熟悉联考英语科目的各类题型，如完形填空、阅读理解、英译汉、应用文写作和短文

写作等。其中，备考的重点是这些题型的解题方法和考查重点，应消除对各类题型的陌生感。

最后，一定数量的模拟训练也是必不可少的，考生应通过对整套MBA联考模拟试卷的解答来全面提高自己的综合应试能力。

此外，在英语备考过程中，有以下三点值得注意：第一，不应当因为在阅读中遇到个别不认识的单词而放弃阅读或大大降低阅读速度。实际上，在联考英语题目中遇到个别不认识的英文单词是正常的，考生通常可以根据上下文推断出该词的词义或即使不认识个别单词也不影响对文章主旨的整体理解。第二，对于写作部分，可以适当准备一些常用的写作模板，尤其是能够提高文章篇章结构把握能力的英语作文模板，往往对提高英语成绩有一定帮助。第三，要合理分配英语科目各题型的时间，避免个别题目浪费太多考试时间或给一些题型分配过少考试时间而导致分数偏低的情况。

下 篇

清华北大MBA校友访谈录

北大光华MBA面试经验与心得

2013年7月6日我有幸参加并通过了光华MBA在职项目的面试考核,下面我从材料准备及面试两个方面,将我整个面试过程及心得简单整理一下,既是对前段时间的一个总结,同时也是抛砖引玉,希望能够对其他同学有一定帮助。

首先是思想方面的准备。一定要想清楚为什么要上MBA,只有有了强烈的动机,才能在准备的过程中全力以赴。

接下来就是材料准备阶段了,我觉得需要注意以下几点。

第一步,要结合网络报名表及短文的各项内容要求,把自己的过去、现在和未来好好想想,每一个阶段都非常重要。我把自己的过去分为三个阶段,以工作地域及职位变动划分,每个阶段都总结了三件成功的事和一件失败的事。现在正任职的工作可能相对好总结一些。未来的职业愿景,非常重要,最好要确立有益于社会、有益于人民的职业愿景,能体现一个人的社会责任感,这也是光华非常看重的一点。

第二步,就是材料的撰写,开始写短文以前一定好好看看光华的培养目标、优势、特色,尽量在短文里有体现,以便说服光华你就是他们想要的,通过深造,将来会成为他们所希望培养的人才。另外,材料内容一定要真实,在真实的基础上可以适当提高,以突出个人的优秀能力或潜质。但一定不能弄虚作假,否则面试的时候很可能会穿帮,或者在明年信息核实的时候被发现,那问题就大了,不仅会被取消资格,还会上黑名单,5所商学院的信息是共享的，清华、人大……就都没希望了。

第三步，写好材料后，可以找有相关经验的朋友，比如已经被录取了的学长、光华教授或搞文字、HR的朋友看看，多提意见，多修改几次，特别是短文，标点错误、错别字都应该避免，以体现对学校的重视和尊重。

第四步就是网上填报了，一般为保险起见，报考光华的同学都会报考清华及人大，建议不要放在同一批。比如都报今年第一批，如果光华第一批没过、清华又被拒，这一年就浪费了。我今年第一批同时报了光华和清华，说实话，光华面试完感觉一般，还安慰自己光华面试就算实战演习了，清华应该没问题，结果没想到7月10号清华材料审核结果直接被拒，那几天压力确实不小。如果清华报第二批，还有机会和第一批的同学交流一下，分析一下今年学校选择的侧重点，有针对性地进行准备。

第五就是非必交项目，比如个人视频、推荐信，建议尽量准备齐全，现在手机都有摄像功能了，最起码可以自编自导自演一段，哪怕就介绍介绍自己。一是为了体现诚意，二来也是展示自己的一个途径，特别是美女帅哥，一定不要放弃这项材料。推荐信有一封是领导的，领域不要跨得太远，另两封个人认为是为了展现人脉层次的，但如果跟自己平时接触较少的人估计也不太好写，此外万一面试时问起也不好解释。

如果资料审核通过了，恭喜你，你已经向目标靠近了10%。接下来将是最重要的面试，虽然两轮面试只有35～40分钟，但我认为它在整个考查环节中所占的比重至少是50%，另外40%是笔试。

面试主要考查的是申请人教育背景、职业背景、沟通能力、领导能力、创新能力、思维与分析能力、职业素养等。下面我结合我的面试经历，介绍一下面试时需要注意的地方。

面试第一个环节是身份审核、交费及抽签，一定把该带的都带着，什么身份证、毕业证、学位证、结婚证(这个真没有)、房产证(这个可以有)，一个都不能少，如果有重量级荣誉证书、职业证书带着去也无妨，但是奖杯就算了，拍好照片直接上传系统即可。

有人说面试的主观成分很大，十几个考场的几十位面试官个人喜好、思维方式千差万别，为了尽量客观，光华才安排了两场面试，而且还加入了抽题环节。所以说面试也有一定运气成分在里面的，抽到考场的面试风格以及面试时抽到的题，都是有决定性影响的，所以各位一定要多做好事，攒人品啊。

建议面试时请穿戴得职业一些，零七八碎的装饰物尽量不戴，至少带一张百元大钞，严禁用于购买早餐、饮料，这个是要留着买签的，预祝各位都能抽到上上签，哈哈。您要是真没吃饭，面试候场区吃的喝的都有，千万别客气。

抽签结束后会有老师简单介绍下面试注意事项，最主要的就是核对考场号及时间，抽到两场面试紧挨着的童鞋有点命苦，不过也不用担心，因为两场之间有5分钟左右休息时间，有抽到两场时间重叠的同学请及时申明，更换时间。还有一点强调的就是面试开始后，候场同学严禁交头接耳，否则有可能被以作弊为由取消考试资格。

下面正式进入面试环节。

在面试小屋门口会有座位供下一位考生等候，时间到了会有小秘书引导进入考场，据我观察小秘书也会写写画画，估计也会参与评分，据我分析可能是言谈举止、穿着打扮一类的项目，所以各位一定要注意这些要点，口头语、习惯性动作尽量去掉；坐姿挺拔，有助于发声，能让您显得更加自信；肢体语言适当，不要"张牙舞爪"，如果控制不好就把手放腿上好了；眼神坚定，主要与提问您的面试官进行目光交流，但也要不时的关注一下其他两位考官及小秘书；由于面试房间非常小，所以音量不需很大，但要有底气，语调要有起伏，可跟《新闻联播》练习。

两场面试都会抽题，有自我介绍那一场抽一道题，另一场抽两道题，有自我介绍那一场时间相对较长，大概20分钟，另一场相对较短，约15分钟，两场顺序不固定。我先进行了自我介绍那一场，被要求在两分钟内做一个自我简介。第一印象很重要，所以自我介绍要好好准备，字斟句酌，并对镜练习。要做到在自我介绍的时候眼睛能和三位考官及小秘书自然交流，如果不熟很可能忘词，据说还有可能被打断，中间穿插问题，那一定要记住被打断前讲到哪了。此外良好的自我介绍也有助于提高信心、克服紧张情绪。

做完自我简介，两场内容就差不多了，都是抽题及提问环节，继续拼人品啊，虽说不太会有稀奇古怪的题，但难易度肯定还是有差别的，比如有的题倾向于管理类的，有的和时政热点更贴切，有的则重点考查反应或逻辑思维能力，如果抽到自己相对熟悉的类别肯定更有利于作答。

抽完题后把题号告诉考官即可，不用出声读题。一定把题目看清楚，特别是有很多小问号的题，每个小问题之间可能会有一定逻辑性，有利于对题目的理解和语言的展开，搞清楚题目真正考查的点。思考时间我认为1分钟以内都没什么问题，太长就浪费时间了。

总有人想问都考过什么题，我之前也向学长问过类似的问题，但其实能抽到相同题目的概率太小了，还是应该掌握答题的思路，有了思路比到处搜集考题重要得多，因为题目只是一小部分，重头戏是回答完抽题后考官接下来的提问，而这也是最难的部分，考官一般会按照你的背景进行提问。

通过多方渠道的了解，大致总结一下如何回答抽题及考官的问题。

一是答案不重要，关键看回答问题的过程和思路。

二是作答要有逻辑性、层次性，用辩证的观点分析问题解决问题。如何体现逻辑性、层次性，看看政府工作报告，什么"首先、其次、再次"、"第一、第二、第三……"。如何体现辩证的思考方式，那就是要看到事物的两面性，并坚持用普遍联系、发展的眼光看待问题，只有相对，没有绝对。这个高中政治都学过的，不记得就去百度搜索吧。

第三就是要结合自身或身边案例，前面已经认真总结过前半辈子的同学这下就有话说了。我觉得考官问的大多数问题首先是和行业相关的；其次是日常工作中的管理问题，如何处理同事关系，如何与客户合作；还有就是个人发展的规划，原因、目的、途径，这个和三观联系比较紧密。

第四就是回答问题适当展开，但也不能太啰嗦；不会的问题就直说、不可胡说；不卑不亢，既要尊重面试官，也要表现得自信成熟。

最后就是如何面对紧张，据我观察大家都紧张，我第一场的时候很紧张，第二场就好多了。我想平时工作主要是和人打交道的同学会表现好一些；此外充分的准备也可以让自信心得到提升，比如自我简介等。完全不紧张是不太可能的，适当紧张可以促进肾上腺素的分泌，有助于提高大脑的运转速度和注意力的集中。还有就是考官不是为了故意要为难谁，他们的目的是选拔适合光华的考生。随着面试的进行，紧张的情绪就逐渐缓解了，要把注意力集中在面试的问题上，不要过多关注考官的态度。

一路走来，感触颇多，感谢给我的MBA面试申请孜孜不倦提供辅导和进行模拟面试的各位老师，感谢给我诸多支持与鼓励的家人，还要感谢对我严格面试的北大光华MAB考官。北大光华，一直是我的梦想，在这里，我将开始我人生崭新的一页。

(作者：王扬帆，北大光华2014级MBA)

种下一颗希望的种子，用汗水去浇灌

去年读了《明朝那些事儿》并游览了山西平遥古城和王家大院，那些王侯将相，从底层做起，隐忍多年，通过机遇或借助别人一日登天，终于可以掌控国家和别人的命运，杀掉前任，按自己的意愿行事，花无百日红，多年后定会被后来人赶下台，甚至重蹈被赶尽杀绝的覆辙，即使被罢免或主动辞官，都很少有人能成功归隐。平遥商号曾经掌控了当时中国的民间经济命脉，有的堪称当时的央行，王家大院至今气势恢宏，当年的影响力可见一斑，如今也只是一个景点。如果掐掉中间，只看两头，人生都是一样的，在这种思想指引下就选择了安于现状和安逸。今年价值观有所转变，人生的中间掐掉太可惜，过程才是真谛，要享受过程中的一切。

恰在此时，一个偶然的机会，对MBA产生了些许兴趣。爱人7月某天参加完MBA毕业生联谊会，回家说了一句"要不你也考个MBA吧"，晚上在微信里刚好看到一个同事发的清华经管的毕业照片，意气风发，想想周围的朋友同事很多人都在读它，而自己惯性使然的日子似乎已经很久了，应该有些新鲜的东西来调整下生活。这触发了自己内心深处的那根弦。

MBA好比是人生和职业发展中的一个投资项目，可以用项目管理的思维来管理MBA的择校和准备。其实，准备的过程紧张而刺激，是对自己人生和职业历程的一个总结和全面梳理，认清自己的优势劣势以及面临的机遇和挑战，是对书面表达和沟通能力的一个升华。这一过程已经开始对自己能力有了立竿见影的提升。

项目启动，明晰动机。众所周知读MBA的现实目的可能包括：提升能力、扩展人脉、创业、获得学历、落户等。要根据自身的情况，给自己一个花大价钱且耗时折腾两三年的强有力的理由。我自己的动机是：为聆听大师的管理思想，为和勤奋的人在一起，也为梦想。

分析需求，知己知彼。MBA是一笔很大的投资，包括时间上和金钱上。无论是前期的提前面试、文化课的复习，还是后期2～3年的艰苦的正式学习。对自己进行全面的分析，例如可以考虑如下维度。

(1) 财力：不同学校的学费相差悬殊，需要预测将来MBA毕业能否对个人职业发展有质的改变，能否产生巨额回报，再决定初期的投资力度。

(2) 时间：在职和全职各有优缺点，前者可以充分享受学校宝贵资源，专心学习，学习效果自然有保障，但也失去了2～3年工作的机会；后者则需要挤压大量周末和其他业务时间，需要考虑工作安排是否条理有序从而保障不加班，有充裕的业余时间投在学习上，需要平衡好学习、工作和生活的关系，好处就是学习不影响赚钱。两年多的工作是一个很大的机会成本，需要认真思考。

(3) 年龄：年轻的可以读全职或国际班，甚至毕业后可以重新选择更有前途的行业；而年长的可能要考虑多年职业的积淀，用MBA增强自己在既有行业里的能力，可以考虑在职班。

(4) 工作经历：国际化是一大趋势，因此国际背景被越来越多的学校所看重，跨国公司就职、国外工作或学习经历都可以为自己加分，而纯粹的国外旅游不在此列；创业背景可以彰显一个人的探索、创新、开拓进取等多方面的能力，如果有，可以好好把握；日常的管理经验可以显示一个人的视野，多思考自己工作中的管理相关的事例，凸显自己的管理能力、领导力；学习能力和可培养潜力也是学校考查的重点，可以结合自己工作后的学习成长经历展现自己是有潜力的可塑之才。

(5) 外语能力：高级管理者越来越离不开国际合作，英语是一项重要的技能，如果英语能力强，可以添色不少。

清楚自己的情况更适合什么层次的学校，可以继续下面的选择。

定义择校范围，设立目标。各校特色各不相同，可以根据自己的特点，从不同角度选择几个不同类型的学校(此处的例子不具有客观性，仅做举例用)，有努力争取的，有性价比高的，多手准备，避免前功尽弃。例如：

选项一：清华、北大、人大。声誉、师资、教学质量、校友层次都是有目共睹的。但这些院校管理严格，可能学习的过程很辛苦。

选项二：特色院校。例如农大的期货、新华都的创业、北师大的管理咨询、对外经贸的金融等，都是强项。

选项三：性价比高的院校。例如北航、北理工、中科院，其师资一流，政府背景深厚，国际合作院校丰富，学费低廉。

根据前面的分析，为自己圈定1~2所首选目标院校和1~2所其他备选院校。学校风格迥异，如果有提前面试，可以从最难的院校着手准备材料。其他院校的材料自然水到渠成。

我参加了4所不同类型院校的面试，从面试前学员等待时的聊天和观察，发现不同学校的学员层次感异常明显，也就是将来的圈子。尽可能选择对自己有挑战的学校，成功了，意味着你可能会进入一个新的层级。

"千里之行始于足下"，要精心准备提前面试材料。提前面试申请材料是给评审老师的第一印象，有些竞争激烈的院校材料通过率可能是8:1。如何在简短的文字中清晰地展现自己的优秀、成长和潜质等真实情况至关重要，即，第一目标是获得面试资格。

(1) 材料要尽量在1~2个月内集中精力整合一切资源快速完成，包括必要的听课和辅导老师面谈梳理，这项工作很艰苦，如果时间过长，可能会是一种折磨。

(2) 梳理经历本身就是对自己的一个全面分析的过程，在一个历史的长轴上提炼自己的能力成长历程。这一过程犹如大浪淘沙，会发现自己原来有很多闪光点,这才是短短的材料需要的内容。

(3) 材料书写是一种书面沟通,金字塔等理论对如何清晰表达观点、展示卖点很有指导意义。材料不能隐晦,必须直白露骨,因为看材料的老师时间有限,可能不到3分钟就要看完材料,在众多平淡的申请材料中,如何让老师甫一看到你的材料就眼前一亮并为之一振,你就是学校要找的未来精英,这是写材料的唯一出发点。

(4) 材料要基于事实,但是可以提炼其中蕴含的管理理论或展现的个人品质、能力等,因为面试的大部分内容都是基于材料提问的,所以材料要真实,事件和数据要熟悉。

(5) 数字是最有力的说明,材料中可以多量化自己的成就和业绩,例如某项管理措施提高销售额60%。

(6) 有的院校的面试材料需要推荐信。它是对申请人真实情况的一种侧面证明或补充说明,最好是找到直接领导或其他熟悉的前任领导,能从第三者的角度佐证申请人的真实情况。

过关斩将,细致准备面试。获得面试机会仅仅离成功更近了一步,但不能掉以轻心。很多人由于忽视面试的准备而功亏一篑。

面试一般是三个老师现场面试一个申请人,在10～30分钟内,如何让老师快速了解自己,全面展现自己的"高富帅",需要细致地做一系列的准备工作:

(1) 包括练习从事件中挖掘和总结管理问题、总结工作中遇到的管理相关的实际案例(展现领导力、沟通能力、企业家精神、创新、危机公关等能力),这些都是面试时提问的焦点。

(2) 适当准备英语面试,很多院校都有英语面试问题,有的甚至临场描述报刊杂志里的内容,是对英语沟通基本功的考查。

(3) 可以找朋友练习几次面试,发现自己日常沟通的短板(例如语速、目光交流、小动作等),这对指导自己临场发挥大有裨益。

(4) 有的院校有小组面试，它更看重的是团队协作，不是个人英雄主义。可以提前1小时到现场，一般可以提前30分钟看到分组名单，此时找到组员，简单沟通，了解彼此背景，适当分配几个备选角色。过程中，要积极发言，有效阐明观点，根据自己的座次，决定准备大面上的问题还是细节观点(第三个以后发言的话，就要准备细节观点，以示区别他人)，有高度的分析问题、发展的眼光、积极的角度等。

(5) 如果有多个学校同期面试，需要事先预约，尽量错开面试时间。

从容淡定，现场面试展现优秀的自我。拿到面试通知单后，可以事先实地考察考场，如此可以节省面试当天的时间，避免不必要的焦躁；服装要着正装，显示自己的职业性，对面试的重视，也是对面试官的尊重；面试过程就是和3~4个人的聊天，无需紧张，聊聊你为何而来，回答面试官感兴趣的问题，展现真实积极正面的自我；回答问题，切勿过于直白，注意艺术和文字的优美。另外，还有如下几个常见的问题：

(1) 自我介绍要力争1分钟之内完成，内容要高度精练，但要展现出自己最优秀的多个层面。

(2) 职业发展目标务必清晰，符合逻辑。包括近期目标和远期目标，但都要结合自身工作实际，有扎实基础才能飞得更高远。

(3) 为什么读本校的MBA，也是常见的问题，必须结合自己现状，再畅想未来。

我从7月底开始准备提前面试的材料，到8月底陆续正式提交，再到9月中旬依次获得面试资格并完成面试，成功拿到中科院、北航、人大、清华的条件录取资格，最终确定选择清华MBA。

无数个深夜，听课、练习、面谈结束后，从北四环奔袭几十公里回家，路灯依次从车窗划过，虽然很累，但那种充实感从未有过，人生就是这样在不断的挑战自我过程中实现自我的价值！

(作者：魏洪福，清华经管2014级MBA)

用行动来改变自己

萌生读MBA的想法大概是在2013年的6月，起初通过网络开始了解和关注。但因为自己启动较晚，确切了解提前面试政策和流程时，已经临近清华、北大、人大第一批面试材料提交期限，只能忍痛割爱，放弃了一次机会。鉴于自己起步较晚，剩下的时间和机会有限，但又想能够充分的利用好时间，在有限的时间内尽最大努力给自己一个满意的结果，因此，本着"专业的人做专业的事"的原则，我选择了社科赛斯辅导机构。

对于如何选择学校、每个学校的项目有何特色等常规问题，辅导课程中都有所讲解，同时，自己可以通过深入浏览目标院校的网站而逐步得到答案，在此不一一赘述。此处，只想把我自己在准备材料和提前面试过程中的点滴体会、感触与大家分享，哪怕只是解答了你心中关于备考的一点点小疑惑，我亦欣然。

一、材料写作

1. 关于态度

(1) 保持平常心

要把最真实的自己展现给辅导老师，切勿避讳缺点、不足，也不要过度夸大业绩和优势。只有让老师客观、清晰地了解你，才能帮助你更好地梳理思路、挖掘亮点，最终形成一个完美而又独特的材料。

(2) 要主动

记得我在准备清华、人大第二批材料时，辅导老师还同时辅导了30多名学员，他的敬业精神与责任心令我十分动容，我想这也是所有辅导老师的写照。但尽管如此，老师的时间和精力都是非常有限的，因此大家一定要主动与老师联系、沟通、交流和探讨，相信任何老师都会尽自己最大的努力去帮助一个追求上进、对自我负责的学员。

(3) 对自己负责

不要有"交了钱万事大吉，坐等其成"的心态。无论是写材料还是面试，主体都是你自己，老师和学校起到的是辅助作用，是锦上添花，而非雪中送炭。自己要对自己的事情尽心、负责，所谓自助者天助，若自己对自己都不负责，又怎能苛求他人帮你追求完美呢？

(4) 天道酬勤

我的材料截至正式提交时，共反复修改了11稿，在得知我以比较理想的成绩同时拿到清华和人大第二批条件录取资格时，陈老师对我说：你是我所有学员当中唯一一个写了11稿的，你很勤奋，所以你应当得到这样的结果。但是翻阅邮箱里无数封辅导老师在凌晨发来的邮件，回顾无数个深夜里就突然想起的某个问题和他电话沟通的情景，我想说的是，勤奋这个词更应该共同归属于我和我的老师！

2. 关于方法和技巧

(1) 清华、北大、人大三所学校中，清华的材料内容是最多的，考查也是最为全面的，因此写起来相对复杂和困难一些。但清华和人大的材料较为类似，因此，建议大家从清华入手，这样清华材料完成后，人大的材料相对就容易了。北大的材料与上述两校的风格差异较大，如果时间允许，建议分开批次完成，这样更利于保持思路的清晰和风格的统一。

(2) 写材料的过程是一个全面梳理自己成长历程、学习生涯和工作经历的过程。但往往大家开始无从下手，觉得没有内容可写。因此建议大家提早着手准备。没有思路时，多听几遍社科赛斯关于材料写作的课程，从课程中获得一些灵感。开始动笔时不要追求完整和全面，在回想自己以往经历的过程中，随时把自己脑海中闪现出的可能适用于材料的事例、亮点等记录下来，随着这些点的不断累积，材料的主干就基本成型了。接下来就是在这些内容中，选取最有代表性的、最有说服力、最有感染力的内容进行梳理、润色、修改，最终形成完整的材料。

(3) 写出一个独特的自己。听过辅导课程的同学可能都有这样一种感觉，在刚开始动笔没有思路时，很容易情不自禁地把课上老师讲到的一些经典范文中的格式、写法往自己的材料中套用，尽管老师一再提醒我们要差异化。我当时在清华材料的三选一问题中，按照常规思路选取了"你认为自己什么地方与众不同？写出你认为招生录取委员会应该录取你的理由"。众所周知，从题目本身而言，这当然是一个充分展示自己优势的不二选题，也是大多数人的选题，但是当我绞尽脑汁在为这个题目拼凑内容的时候，我的老师提出了一个新的方向，建议我考虑选择"请举一个你帮助别人成功的例子，请写出背景、经过、你做出的行动、对别人的影响和结果"的题目，因为我是从事人力资源工作的，人力资源本身就是一种支撑性的工作，"为他人做嫁衣"的这种工作性质注定不可能像市场、销售或技术等能够创造出显赫的业绩，那么人力资源工作的成功往往体现在帮助别人成功而间接为组织创造价值上，顿时觉得这个题目太适合我了，写起来得心应手，既能在材料中融入自己的管理思维，又能体现一个人力资源从业者的职业道德与专业度。也许我放弃了一个看似全面而优秀的"我"，但展示了一个独特的、实际的、又能够带给评审老师一丝新意的"我"。

二、面试准备

1. 关于态度

(1) 保持适度紧张

保持适度紧张的状态，适度紧张说明重视，也更加能够让面试老师感受到你对学校的向往和真诚；其次，适度紧张能够保持思维的敏捷，并且对老师有可能提出的一些"陷阱"问题保持警觉。

(2) 变被动为主动

提到面试，很多同学的概念就是"老师问，我来答"，所以经常抱着一种被问、甚至有些同学会有一种被审讯的感觉来对待面试。这样必然会造成被动和过度紧张，而且往往会表达的不够充分，因为你是在以应付老师的问题为目的，觉得应付完一个问题就松了一口气。实际上，面试对于我们而言，是一个展示自己、推销自己的过程，在这个过程中，"我"是中心，"我"是主导，抱着这种主动的心态，依据社科赛斯老师讲课中提到每个学校的考查点、关注点，在与面试老师交流的过程中去有侧重的、逐步向老师介绍自己、展示自己，这样面试的效果就会大有不同。

2. 关于方法与技巧

(1) 回答问题总体思路

以"1、2、3"或"首先、其次"等语言形式概括要点，然后再视情况一一展开，忌说一点立刻展开一点；这在清华面试中尤为重要。因为清华较为严谨、注重逻辑性和条理性，且有大比例的压力面试成分。这种答题方式的优势是：首先，可以通过概括性的语言展现自己对该问题的理解和看法是具有一定高度的；其次，显示出自己的逻辑性、条理性；第三，在压力面试的过程中，老师也许会频繁打断，这样能够在短时间内把最精彩的内容阐述出来，避免只说一个观点就被打断，也许后几个观点很精彩，但已经没有机会表达；最后，加速老师的认可，减少被追问细节的概率。如果几个提纲挈领的观点被老师认可，很容易就进入下一题目而不会过多纠缠于细节。

(2) 遇到没有准备或比较陌生的问题，可以给问题加个前提条件或者限制范围。比如我遇到的问题，老师问，"评价一下你公司和同行业的某公司的薪酬水平。"这个问题其实我并不清楚，但我必须要面对，如果我简单地回答是高还是低，那么接下来老师很可能会质疑我的答案并且追问我答案的依据是什么，这显然对于我是很不利的。我的回答是：我们公司在某些区域是有优势的，比如在我们的传统区域某地，我们公司的薪酬水平在同行业是有绝对优势的，并且适当以数字举例。我觉得这样回答的好处有两点：第一，让答案更具可信度，不容易被老师质疑；第二，显示出思维较为严谨，对一些问题(尤其是比较大而广的问题)是有自己的思考的，不是随口而出的。

(3) 能够领会并辨识老师的问题，进行归类准备、作答

一个问题的表述形式有千万种，大家要有举一反三、识别和归纳的能力，这个方法既适用于通用问题，也同样适用于专业问题。以一个答案对应一类问题，这样在准备阶段，内容清晰、简洁，在实战的过程中表现也能够更加从容。

(4) 善用能够体现条理性、逻辑性的语言形式

在听模拟面试录音时，我发现自己在面试时很少使用"1、2、3"或者"首先、其次"这种能够体现条理性、逻辑性的字眼，与其他同学交流，发现这是大家的通病。我想可能有两种原因：一是没这种语言习惯；二是不敢说，本身没有那么多观点，凑不出"1、2、3"。但后来经过几次面试，我发觉，很多时候，观点的内容不重要，而表达的形式很重要。也许第一点和第二点仔细推敲，实质差不多，但如果通过不同的语言形式表述出来，就可以成为两个观点，至少会给听者这样一种感觉。语言不像文字，可以有时间去推敲，而说话转瞬即逝，没那么多时间推敲，所以一定要大胆地说，这样就会让老师感觉到你的条理性、逻辑性。但是在准备的过程中，还是建议大家以严谨的态度要求自己，这种方法可以在紧急情况下，当做一种小技巧来使用。

世界上最慢的速度不是爬行，而是徘徊！如果你确定了目标，选好了途径，那么就立刻开始行动吧！上帝在你心中播种了一个愿望，一定是真心想帮你实现它！

(作者：高艳艳，清华经管2014级MBA)

机遇总是垂青有准备的人
——记清华经管2009级MBA杨诺

杨诺是一名清华MBA全球项目(原国际项目)毕业生,凭借清华MBA学位、金融行业背景和之前在高盛公司的实习经历,她毕业后进入艾默生公司从事投资管理工作。

谈到在清华的求学经历,杨诺依然难以掩饰自己的兴奋心情。对于清华的两年学业,她印象最深的是在麻省理工学院斯隆管理学院交换学习期间,她带领的一个由清华MBA和麻省理工MBA组成的团队从事的管理咨询项目,与来自不同国家的MBA同学组成的顾问团队,用在MBA学习期间所学到的管理知识和各自的行业经验,对企业管理问题进行诊断并提出最佳的管理效率提升方案。当时她在美国最好的大学之一——位于波士顿的麻省理工学院每天从事咨询项目到很晚,奔波于学校与企业之间的经历,杨诺至今还历历在目,她称那段时间是他人生中最有价值、最充实的时光。杨诺说:"近几年来,清华经管学院与麻省理工学院斯隆管理学院的合作不断加深,给清华MBA全球项目学生带来了非常宝贵的资源。"

除了清华的海外交换项目外,杨诺对清华对MBA学生的领导力的培养给予了高度评价。同时,杨诺提到:"你在工作中总要面对不同背景的人群,所以倾听别人的不同观点并达成共识就显得极为重要。"清华多元化的校园环境使她的沟通能力获得提升。

机遇总是垂青有准备的人。杨诺特别强调了在攻读MBA期间确定明确的职业目标的重要性。她鼓励清华MBA新生充分利用学校的各类资源。例如，她有一位MBA同学对奢侈品行业很感兴趣，恰好在一次清华经管讲座中结识了一位奢侈品公司的高级主管，并经推荐获得了在该公司的暑期实习机会。其后，通过暑期实习的优越表现，她毕业后成功进入这家知名奢侈品公司。"一旦你确定了你的目标，清华会给你提供超越你想象的资源。"

临近毕业，杨诺希望选择一家能够将她在清华攻读MBA期间学到的管理理论和管理模型付诸实践的行业内顶尖企业。她很高兴进入艾默生公司工作，这家公司为她获得进一步的成功提供了非常理想的平台。

麻省理工留学之旅

作为清华MBA全球项目2011级学生,在攻读清华MBA的第一年,我凭借出色的学习成绩成功申请了麻省理工学院斯隆管理学院的管理学硕士项目,于2012年9月赴位于波士顿的MIT攻读管理学硕士双学位。

在MIT的生活是非常愉快而又充满挑战的,大批的学术活动、案例研究和各种机遇充斥着MIT的学习生活。尽管之前在MIT攻读管理学硕士项目的清华MBA师兄曾提醒我,在MIT读书要做好无法保证睡眠时间的准备,但来到这里后,还是发现自己要承受了超乎自己想象的学业压力。

在第一周,我参加了MIT每年举行一次的"MIT创业孵化"体验日活动。毋庸置疑,这次活动是很振奋人心的,最令我兴奋的是参会的大多数同学都是去年来到MIT攻读硕士学位的校友,通过他们,我对MIT的学习生活有了较为深入的了解。

在入学的前两周的周末时间,我与来自其他系的同学组成了学习小组并参加了MIT的"马丁信任企业家培养中心(Martin Trust Enterpreneurship Center)"的课程,这里的企业家实践性课程给予我的帮助是非常宝贵的,同时使我迅速融入自己的学习小组。在其后为期一年的学习生涯中,我和我的学习小组通力合作并建立了深厚的友谊,完成了大量的商业案例研究和商业计划,这让我体验到了团队合作的重要性,对我在MIT的学业也起到了莫大帮助。

我很快发现这里每件事的节奏都很快,快节奏的环境使这里的学生和教授更愿意承担挑战。在MIT斯隆管理学院，几乎所有人都有自己的商业计划。即使你暂时没有，在攻读学位的过程中，也会被邀请参与一些创业活动。这里的课程通常鼓励学生拥有自己的创造性学习和思维。

然而，除了创业活动、学术课程和找工作外，斯隆管理学院也充满乐趣。例如，斯隆每周都有文化沙龙活动，在沙龙上，来自不同国家的同学分享自己国家的文化和风俗并结交朋友。无论是聚餐、体育活动，还是时尚活动，MIT校方都有专门的团队提供支持。

由于这里有各种丰富的活动，在MIT很容易失去目标。因此，在MIT读书最大的一个挑战就是平衡自己的学习时间与业余活动时间并选择自己的重点兴趣方向。我在MIT读书生涯的最大收获，其实并不是这里的具体课程，而是这里对我的创造、创新和企业家精神的培养，使我的企业管理能力获得了飞跃。

(作者：赵璐茜，清华经管2011级MBA，麻省理工学院斯隆管理学院2012级管理学硕士)

通过MBA平台实现行业转换经验分享
——记清华经管2007级MBA张菲菲

张菲菲于2009年毕业于清华大学经管学院MBA国际项目。在入学前，张菲菲是一名教育行业的项目经理。与很多其他通过MBA平台实现职业领域转换的MBA同学一样，特别是对于有志于转入金融领域或咨询领域的人士而言，她的经历和经验很有价值。

张菲菲的本科攻读专业为历史学。在毕业后，她担任北师大的一个国际教育项目的经理。凭借出色的分析能力和组织能力，她在该职位上积累了比较丰富的管理经验。在工作几年之后，张菲菲觉得她进入了职业发展的瓶颈期，想获得更大的突破和迎接更多的挑战，这也是她选择攻读清华MBA的主要原因。

清华MBA的学习经历让她进入了一个全新的世界。两年的清华MBA学习生涯不仅使她拓宽了视野，也使她扩展了自己的人脉网络。同时，张菲菲还利用这段时间深入思考了自己的兴趣和未来发展规划。她认为，如果你不能真正确定自己在人生和职业发展中真正想获得的东西，则你永远无法确定自己的目标。在经过上述深入的思考和反思后，她最终确定了将咨询业作为自己的未来职业发展目标。在清华MBA所获得的思维体系框架——如领导力、战略和管理沟通等——都为她未来的咨询行业管理工作奠定了坚实的基础。

为什么她对自己的职业转换有这样的信心？实际上，由于职业转换的机会成本较高，张菲菲在做出这个重大决定前也经历了激烈的思想斗争。选择转换职业，就意味着她必须放弃之前在教育机构所获得的成就，在新的领域重新开始。她的建议是："选择你有兴趣和具有天赋的行业领域，从而降低你可能承受的损失。当然，如果你在新的行业领域能够使用你之前的工作经验和知识则更为理想。"对于她而言，在咨询领域，她之前在教育项目运行管理经验对她负责的咨询项目提供了很多帮助。此外，她还强调了在清华MBA所学到的软技能的重要性，如领导能力、交流能力和谈判能力。"如果你知道如何去影响他人，你将可以有效把控形势。这些重要技能将使你获得比别人更快的职业发展。"

后 记

本书在编写过程中充分考虑了有志于通过攻读顶级院校MBA来提高自己的综合管理能力人士的需求，针对清华、北大这两所国内最优秀的MBA项目进行了深入讲述。同时，在本书编写过程中，也充分吸收了清华、北大MBA项目的最新招生政策和录取倾向，并介绍了很多清华、北大MBA的申请策略、申请技巧和申请经验。

通过阅读本书，读者将全面了解清华、北大MBA项目的培养体系、申请流程和准备方法，同时可以有效地规划自己的申请策略和准备重点，从而大幅提高在竞争激烈的清华、北大MBA申请中的成功率。

清华、北大两所大学的MBA项目一直是国内外有志于成为优秀企业管理者或创业者的人士的圣殿，这里汇聚了钱颖一、李稻葵、陈国权、杨斌、厉以宁、夏宏斌、张维迎、姚长辉等国内一流的管理经济领域的教授，有着最为科学的高级工商管理人才的培养体系。在清华、北大MBA的课堂上，MBA学生将获得系统的管理理论知识，通过实践性的课程提高自己的管理实践能力和战略视野，同时可以通过海外商学院的海外交换和交流访问机会，提高自己的国际化视野。

　　人生的价值就在于不断迎接挑战，用自己的努力来使自己的人生焕发光彩，用不懈的奋斗来谱写人生的一个个崭新的篇章。如果你希望成为一名优秀的企业管理者，成为企业管理界的翘楚，为我国企业管理水平的提高作出自己的贡献，那么，就从这里做起吧！

甄诚、赵羽
2014年3月24日于北京